GRAMMAIRE PRIMITIVE

D'UNE

LANGUE COMMUNE A TOUS LES PEUPLES

(Pantos-dîmou-glossa)

DESTINÉE A FACILITER

LES RELATIONS INTERNATIONALES

DANS LES CINQ PARTIES DU MONDE;

PAR

Lucien de RUDELLE,

Auteur de la *Grammaire démonstrative et phonographique de la langue anglaise*, etc., etc.;
Inventeur de l'*Ortho-phonographie rectilinéaire et polyglotte*;
Membre de l'Académie de l'Enseignement;
Ancien Professeur à l'École Polytechnique de Londres et dans plusieurs Lycées de France;
Interprète juré et Professeur de langues étrangères à Bordeaux.

Εὕρηκα !
Archimède.

Ornatur propriis industria donis.

ÉDITÉ

A BORDEAUX | A PARIS
PAR LUCIEN DE RUDELLE, AUTEUR, | PAR J. DELALAIN, LIBRAIRE-ÉDITEUR,
rue des Trois-Conils, 43. | rue de Sorbonne.

Prix : 2 fr. 50 c.

VENDU PAR TOUS LES LIBRAIRES DE FRANCE ET DE L'ÉTRANGER.

1858

PANTOSDÌMOUGLOSSA

ou

COSMOGLOSSA

Cet ouvrage étant ma propriété exclusive, tout exemplaire non revêtu de ma signature à la main sera considéré comme contrefaçon, et le vendeur, poursuivi devant les tribunaux.

Bordeaux. — Imprimerie générale de Mme Crugy, rue et hôtel Saint-Siméon, 16.

GRAMMAIRE PRIMITIVE

D'UNE

LANGUE COMMUNE A TOUS LES PEUPLES

(Pantos-dîmou-glossa)

DESTINÉE A FACILITER

LES RELATIONS INTERNATIONALES

DANS LES CINQ PARTIES DU MONDE;

PAR

Lucien de **RUDELLE**,

Auteur de la *Grammaire démonstrative et phonographiée de la langue anglaise*, etc., etc.,
Inventeur de l'*Ortho-phonographie rectilinéaire et polyglotte*;
Membre de l'Académie de l'Enseignement;
Ancien Professeur à l'École Polytechnique de Londres et dans plusieurs Lycées de France;
Interprète juré et Professeur de langues étrangères a Bordeaux.

Εὔρηκα!
ARCHIMÈDE.

Ornatur propriis industria donis.

ÉDITÉ

A BORDEAUX | A PARIS
PAR LUCIEN DE RUDELLE, AUTEUR, | PAR J. DELALAIN, LIBRAIRE-ÉDITEUR,
rue des Trois-Conils, 43. | rue de Sorbonne.

Prix : 2 fr. 50 c.

VENDU PAR TOUS LES LIBRAIRES DE FRANCE ET DE L'ÉTRANGER.

1858

AVANT-PROPOS.

La dispersion des enfants de Noé, pendant l'érection de la fameuse tour de Babel, par suite, nous disent les Saintes Écritures, de la confusion des langues qui fut l'œuvre miraculeuse du Tout-Puissant, suffit pour me convaincre que les plus hardis comme les plus habiles innovateurs ne pourront jamais rétablir l'unité du langage parmi les hommes. En conséquence, je n'hésite pas à déclarer, avant de publier les pages qui suivent, que je considère l'institution d'une langue absolument universelle comme le rêve du plus insensé des utopistes.

Aussi la langue nouvelle que je propose à l'adoption générale, et que je nomme Pantos-dimou-glossa, de trois mots grecs γλῶσσα παντός δήμου « *langue de tout peuple* », est-elle par moi destinée, non point à se substituer à tous les idiômes existants, ni même à aucun d'eux en particulier, pour être le seul véhicule de la pensée, mais bien à servir un jour ou l'autre de moyen facile de communication entre toutes les nations civilisées.

A ce propos, j'ai réuni tous mes efforts, à l'aide de ce que m'ont présenté de plus simple et de plus logique dix langues dont j'ai acquis une certaine connaissance, pour composer un idiôme franc dans toute la force du mot, un idiôme cosmopolite, commercial et international, en lui donnant des formes, pour ainsi dire, métriques et compassées, une construction aisée, nette, précise; en le rendant aussi facile à écrire qu'à lire, *et vice versâ;* en un mot, en le dégageant de toute sorte d'exception ou de complication grammaticale.

La Pantosdimouglossa, ou bien *Cosmoglossa* (si l'on préfère un nom plus court), pourra donc marcher de pair avec un système rationnellement uniforme de calculs, de poids, de mesures, de temps, de distances et de monnaies, lequel étant adopté, d'abord par les principaux gouvernements, et ensuite par la majorité des peuples, arriverait infailliblement, au moyen de la télégraphie électrique, des voies ferrées et de la marine à vapeur dont elle est le complément naturel, à établir tôt ou tard dans les deux hémisphères une vaste et agréable confraternité. — *Lingua communis, immensa et amœna fraternitas.*

La Pantosdimouglossa, VÉRITABLE LOCOMOTIVE D'UN TRAIN SOCIAL OMNIBUS, que réclament impérieusement, dès aujourd'hui même, les besoins si nombreux et si variés d'un échange libre et commode de toutes les industries de l'homme, de tous les progrès du génie et de la science, est une langue qui, je ne crains pas de le dire, se distinguera de toutes celles qui sont actuellement en usage, par une extrême simplicité de mécanisme théorique, par une complète uniformité, autant dans la physionomie particulière des mots que dans la distinction nécessaire des parties lexicographiques; surtout par une homogénéité parfaite et absolue d'orthographe, de prosodie, de prononciation et de conjugaison.

Ce sont là des prétentions qui, au premier abord, pourront, sans doute, paraître exagérées; pourtant, ce que je dis est si vrai, qu'il suffira de quelques heures d'enseignement ou même d'étude privée pour se donner une connaissance même pratique de Pantosdimouglossa, pour peu que l'on soit érudit ou même initié tout uniment aux principes de son dialecte maternel.

Les principaux mots de cette langue improvisée ont leur base dans le latin, le grec et dans les langues néo-latines, telles que le français, l'italien, l'espagnol, le portugais et les dialectes du midi de la France. La composition et l'arrangement des phrases y sont déduits de ce que renferment de moins compliqué et de plus logique les théories de ces langues ainsi que de quelques autres que l'auteur a également su mettre à contribution (1) : ce sont l'anglais, l'allemand, le russe.

L'étudiant ou le lecteur peut aisément se convaincre de tout ce qui vient d'être avancé, s'il veut se donner la peine d'examiner avec attention les quelques paragraphes suivants qui donnent

LE SOMMAIRE.

I. — LETTRES.

L'alphabet de la Pantosdimouglossa contient seulement vingt-trois lettres, dont six voyelles et dix-sept consonnes.

ALPHABET.

Lettres simples.				Articulations particulières.			
a	g	m	t	ch	égale	tch	
b	h	n	v	sh	»	ch	français.
c	i	o	y	gh	»	gue	»
d	j	p	œ	lh	»	ill	»
e	k	r	z	ñ	»	gn	»
f	l	s					

(1) Voyez les observations à la fin du sommaire.

Il y a homophonie parfaite dans chacune des lettres ou articulations qui précèdent, c'est-à-dire qu'elles s'articulent ou se prononcent partout de la même manière.

II. — PRONONCIATION ET ORTHOGRAPHE.

Toutes les lettres, à l'exception de **h** qui sert à durcir **g** et à mouiller **l**, doivent être prononcées. Leur énonciation ne varie en aucun cas. Lorsque plusieurs voyelles se rencontrent ensemble, il faut, comme en espagnol et en italien, leur donner un son plein et distinct à chacune.

C s'emploie ordinairement avant **e** et **i**.

K est presque toujours employé, au lieu de **c** ou de **q**, avant ou après **a, o, y, œ**.

J se prononce comme en français.

S est toujours sifflante comme **ç**, de même qu'en espagnol; si l'on veut obtenir son articulation douce, on la remplace par **z**.

G s'emploie indifféremment avant ou après les voyelles **a, o, y, œ**; mais on peut le remplacer par **j** devant les voyelles **e, i**. Si l'on veut le rendre dur devant ces deux dernières voyelles, on le fait suivre de la consonne durcissante et muette **h** (sic, **gh**) : alors il a l'articulation de *gu* en français dans le mot *gué-rir*, ou dans le mot italien *ghiado* (froid excessif).

Ch a la valeur de *tch* comme en espagnol dans *mucho* (beaucoup), et comme en anglais dans *church* (église).

Sh s'articule ou se prononce comme *ch* français dans *chiche* : cette articulation me vient de l'anglais.

Lh se prononce comme *ill* dans le mot *bouilli;* je l'emprunte à la langue portugaise : *bacalhão* (morue).

Ñ équivaut à *gn* du mot *compagnie* : je tire cette lettre de l'alphabet espagnol.

H, par elle-même, est sans valeur phonétique; elle sert ou à durcir **c** ou à mouiller **l**.

Y, comme dans la langue russe, se prononce toujours *ou* du français, *oo* de l'anglais, *u* de l'espagnol.

Œ doit partout être prononcé *eu*, comme dans le mot français *feu*, ou dans le mot anglais *but*.

La voyelle *u* a été exclue de mon alphabet, par la raison qu'elle offre une difficulté pour presque tous les peuples. Certains ne peuvent point lui donner le son qu'elle représente dans la langue française. Cette lettre devait être la terminaison du conditionnel dans les verbes : je l'y ai remplacée par ces lettres *iy* (prononcez *iou*). Si, par erreur, *u* se glissait dans quelque mot, il faudrait le prononcer *ou*.

EUPHONIE.

La consonne **d** sert à harmoniser les mots, en évitant les *hiatus*. C'est la lettre euphonique générale; on l'emploie à la fin de tout monosyllabe qui est terminé par une voyelle, lorsque le mot suivant a pour initiale une voyelle. — On l'emploie encore dans tout polysyllabe, lorsque celui-ci est terminé par une voyelle semblable à l'initiale du mot suivant.

III. — ARTICLES.

Il y a trois articles en Pantosdimouglossa, comme en anglais. L'un détermine, l'autre énonce, et le troisième fractionne ou divise.

SINGULIER.

	nominatif.	accusatif.	nominatif.	accusatif.	nominatif et accusatif.
Masc.	el,	lem.	en,	nem.	
Fém.	al,	lam.	an,	nam.	
Neutre.	ol,	lom.	on,	nom.	dol.

PLURIEL.

Masc.	eli,	lemi.	eni,	nemi.	deli.
Fém.	ali,	lami.	ani,	nami.	dali.
Neutre.	oli,	lomi.	oni,	nomi.	doli.
	le, la, l', les.		*un, une, des.*		*du, de la, des, quelques.*

IV. — CONCORDANCE

L'article, le substantif, l'adjectif, le pronom, et le participe ou *adjectif verbal*, concordent ensemble, c'est-à-dire qu'ils suivent le genre, le nombre et quelquefois le cas les uns des autres en toute occasion.

SEXES, GENRE, NOMBRES, CAS.

Le sexe masculin est invariablement désigné par **e**;
Le sexe féminin, par **a**;
Le genre neutre (l'absence de sexe), par **o**;
Le nombre pluriel est toujours marqué par **i**;
Le cas accusatif (ou régime direct ou indirect) est désigné par la consonne **m**, au singulier; par la syllabe **mi**, au pluriel.

V. — SUBSTANTIFS.

Tout substantif, n'importe sa signification, a pour terminaisons invariables :

	sing.	plur.
m.	**e**,	**eci**.
f.	**a**,	**aci**.
n.	**o**,	**oci**.

Les substantifs, en général, se présentent sous différents aspects modificatifs. L'individu ou l'objet représenté est susceptible d'être agrandi ou rapetissé :

L'aspect simple est représenté par **e**, **eci**; **a**, **aci**; **o**, **oci**.
L'aspect augmentatif mélioratif, par **-mô**, invariable.
    »   péjoratif, par **-nô**,   »
L'aspect diminutif mélioratif, par **-tô**, invariable.
    »   péjoratif, par **-dô**,   »

VI. — ADJECTIFS.

Tout adjectif a pour terminaisons invariables au degré positif :

	sing.	plur.
m.	**ez**,	**ezi**.
f.	**az**,	**azi**.
n.	**oz**,	**ozi**.

Les adjectifs se présentent dans la phrase avec certains degrés de signification :

Le degré comparatif de supériorité est représenté par* — **-pô**, *plus*.
    »   d'infériorité, par — **-mnô**, *moins*.
    »   d'égalité, par — **-tô**, *aussi, autant*.
    »   d'inégalité, par — **-nô-tô**, *pas aussi, pas autant*.
Le degré superlatif relatif de supériorité est représenté par — **-gô**, *le, la, les plus*.
    »   relatif d'infériorité, par — **-mnô**, *le, la, les moins*.
    »   absolu, par **gô-** —, *très, bien, fort*.

* *Ce trait (—) représente l'adjectif que l'on veut employer.*

VII. — PRONOMS.

Les seuls pronoms qui représentent la personne, l'animal ou l'objet inanimé, sont les pronoms personnels et les relatifs.

De même que les articles, ceux-ci ont l'accusatif distinct du nominatif.

	NOMINATIF.		ACCUSATIF.	
	sing.	plur.	sing.	plur.
Masc.	e,	eci.	em,	ecimi.
Fém.	a,	aci.	am,	acimi.
Neutre.	o,	oci.	om,	ocimi.

Tous les autres ont la forme adjective **ez**, **ezi**; **az**, **azi**; **oz**, **ozi**.

VIII. — VERBES.

Les verbes, de quelque nature qu'ils soient, sont tous conjugués sur un modèle unique. Ils n'ont point d'auxiliaires comme dans nos langues modernes. Toutes les personnes d'un même temps sont semblables pour la terminaison. Une lettre particulière distingue chaque temps de tous les autres. Les diverses modifications de passé, de passif, de futur, de réfléchi, de réciprocité, d'interrogation, de dénégation, de réitération, etc., qui sont au nombre de quinze, s'obtiennent au moyen d'autant de syllabes affixes et invariables réunies au corps du verbe par un trait d'union. (Voyez p. 25 et 26.)

J'ai fait du verbe la partie du discours la plus facile à apprendre. Pourrait-on me citer une autre langue où il en soit ainsi?

IX. — PRÉPOSITIONS, ADVERBES, CONJONCTIONS ET INTERJECTIONS.

Toute préposition ou locution prépositive a pour unique terminaison la voyelle **i**.

Tout adverbe ou locution adverbiale a pour unique terminaison la voyelle **ô**.

Toute conjonction ou locution conjonctive a pour unique terminaison la voyelle **y** (*ou*).

Toute interjection ou locution éjaculatoire a pour unique terminaison la voyelle **œ** (*eu*).

Observations.

La Pantosdimouglossa, je l'ai dit dans l'Avant-Propos, contient tout ce que présentent de plus simple et de plus logique dix autres langues européennes.

En effet : — A l'espagnol, j'ai emprunté l'orthographe en la modifiant pour la simplifier encore.

Au portugais, j'ai pris aussi quelques lettres à ce même effet : **lh**, par exemple ; — à l'italien, **h** muette et durcissante.

L'anglais m'a offert son système merveilleux des genres, ainsi que l'emploi raisonné des trois articles.

Au russe, je dois la forme interrogative des verbes, en même temps que l'emploi du pronom personnel réfléchi qui présente un admirable cas de simplicité constructive.

De l'allemand, j'ai imité la transponibilité et l'inversion des mots, sans pour cela obscurcir le sens des phrases, et sans que l'harmonie en puisse souffrir : c'est tout le contraire.

Le latin, le français, l'italien et les autres langues de cette famille m'ont dicté la concordance entre toutes les parties déclinatoires de la Lexicologie.

Dans le latin, j'ai puisé la plus grande partie des verbes, des adjectifs, des substantifs, ainsi que beaucoup de pronoms indéterminés, de prépositions, de conjonctions et d'interjections.

Dans les dialectes de la Provence et du Rouergue, j'ai trouvé une foule de ressources dont il serait trop long de faire ici l'énumération.

Le grec a produit la numération à peu près entière : il doit encore, avec le concours du latin, doter la Pantosdimouglossa de tous les noms modernes de sciences, d'arts et de productions dont on aura besoin pour la composition du Dictionnaire.

Ce livre indispensable arrivera ; mais ce ne sera que lorsque la Grammaire primitive aura subi sans dommage le choc inévitable d'une critique judicieuse, impartiale et bienveillante.

AU PUBLIC.

En attendant celle-ci, je prie instamment ceux qui me liront de vouloir décider dans leur for intérieur s'ils me regardent comme le créateur bénévole de cette nouvelle méthode de parler et d'écrire, ou comme un plagiaire coupable et sans pudeur des idées d'autrui. Je proteste ici, à la face du ciel, que jamais je n'ai lu une seule ligne écrite ou publiée sur le sujet que je vais traiter dans ce livre, et que jamais non plus je n'ai demandé ni reçu les avis ou directions de qui que ce soit. — J'ai des raisons majeures pour provoquer une semblable décision, et, s'il en était besoin, je saurais trouver des preuves authentiques et des témoignages irréfragables pour soutenir mon droit à l'originalité.

Sur ce, j'ai l'honneur d'être, en toute humilité, du public le très-obéissant serviteur.

LUCIEN DE R.

MÉTHODE
GALLO-ANGLAISE ET ANGLO-FRANÇAISE
DE
LUCIEN DE RUDELLE.

NOUVELLES ÉDITIONS.

A L'USAGE DES FRANÇAIS :

1. La Grammaire démonstrative de la langue anglaise..................... 5f "
2. L'Instructeur théorique et pratique de la prononciation anglaise. 3' "
3. Cours de thèmes gradués et mis en concordance avec la grammaire démonstrative.. 2 25
4. L'Ortho-Phonographie appliquée à six langues, récompensée d'une médaille d'argent, grand module, par l'Académie Impériale des Sciences, Belles-Lettres et Arts de Bordeaux.. 2 "
5. Le Conjugateur synoptique de tous les verbes espagnols............... 3 "
6. Grammaire primitive d'une langue commune a tous les peuples : Pantosdîmouglossa... 2 50

A L'USAGE DES ANGLAIS :

7. The original French pronouncing-book..................................... 5 "
8. The art of reading French correctly at sight............................. 2 "
9. The modern school-grammar of the French language.................. 6 "
10. The key to the exercises in the above grammar......................... 2 "
11. The conjugating dictionary of all the French verbs.................... 5 "

Tous ces livres se vendent chez l'Auteur, rue des Trois-Conils, 43, à Bordeaux, et chez M. DELALAIN, éditeur, libraire, rue de la Sorbonne, à Paris.

TABLE DES MATIÈRES.

LEXICOLOGIE.

	Pages.
De l'Article	1
Article définitif	2
" indéfinitif	ib.
" partitif	ib.
Du Substantif	3
Masculin décliné avec l'art. définitif	4
Féminin "	ib.
Générique sans article	ib.
Masculin avec l'article indéfinitif	5
Féminin "	ib.
Neutre "	ib.
" avec l'article définitif	ib.
Décliné avec l'article partitif	ib.
Aspects des substantifs	ib.
Aspect positif des substantifs	ib.
" augmentatif "	6
" diminutif "	7
De l'Adjectif	ib.
Place de l'Adjectif	8
Degrés de qualification	ib.
Degré positif	ib.
" comparatif	9
Rapport de supériorité dans les adjectifs au comparatif	ib.
" d'infériorité "	ib.
" d'égalité "	ib.
" d'inégalité "	ib.
Degré superlatif	ib.
Rapport de supériorité dans les adjectifs au superlatif	ib.
" d'infériorité	10
Superlatif absolu	ib.
Préposition *de* après le superlatif	ib.
Numération	11
Nombres cardinaux	ib.
" ordinaux	ib.

	Pages.
Adverbes de numération	11
Nombres distributifs	13
" multiplicatifs	14
" répétitifs	ib.
" définitifs	ib.
Du Pronom	15
Les pronoms personnels	ib.
Déclinaison	ib.
Pronom personnel réfléchi	16
Pronoms personnels emphatiques	ib.
Pronoms personnels en général	17
Les pronoms possessifs	18
Tableau des pronoms possessifs	ib.
Remarques sur les pron. possessifs	19
Les pronoms démonstratifs	20
Remarques	ib.
Les pronoms relatifs	ib.
Déclinaison	21
Les pronoms interrogatifs	ib.
Tableau des pronoms interrogatifs	22
Pronoms interr. suivis d'un verbe	ib.
" suivis d'un subst	ib.
" suivis ou non d'un substantif	ib.
Les pronoms exclamatifs	22
Les pronoms indéterminés	23
Tableau des pronoms indéterminés	ib.
Remarques	25
Du Verbe	ib.
La conjugaison des verbes	ib.
Tableau des quinze modifications du verbe	ib.
Explication des modifications	26

	Pages
Remarques	27
Formation des temps du verbe	ib.
Modèle unique de la conjugaison	28
Remarques sur la conjugaison	ib.
Du Participe	30
Participe présent	ib.
» passé	31
» futur ou éventuel	ib.
» éventuel actif antérieur	ib.
» éventuel passif	ib.
Participe éventuel passif antérieur	31
De la Préposition	ib.
Tableau des prépositions ou locutions prépositives	32
De l'Adverbe. — Tableau	33
De la Conjonction. — Tableau	36
De l'Interjection. — Tableau	37

SYNTAXE.

	Pages
De l'Article définitif	39
» indéfinitif	40
» partitif	ib.
Du Substantif	41
De l'Adjectif	ib.
De la Numération	42
Des Pronoms personnels	43
» réfléchis	ib.
» possessifs	44
» relatifs	ib.
» interrogatifs	45
» démonstratifs	ib.
» indéterminés	46
Du Verbe	ib.
Sujet du verbe	ib.
Régime »	ib.
Du verbe actif	47
» neutre	ib.
» passif	48
» réfléchi	ib.
» unipersonnel	49
Du verbe unipersonnel « *Il y a* »	ib.
Verbes employés substantivement	50
Verbe complément d'un substantif	ib.
Verbes à compléments modificatifs	ib.
Emploi des temps des verbes	51
Locutions verbales idiomatiques	ib.
Du Participe	ib.
De la Préposition	52
De l'Adverbe	53
De la Conjonction	ib.
De l'Interjection	54
Des Dérivations	ib.
Construction grammaticale	56
Orthographe	ib.
Prosodie	57
Spécimen de Pantosdimouglossa	58
Glossaire	59
Méthode ortho-phonographiée de Lucien de Rudelle	63

GRAMMAIRE PRIMITIVE

D'UNE

LANGUE COMMUNE A TOUS LES PEUPLES

(Pantosdîmouglossa).

Iʳᵉ PARTIE.

LEXICOLOGIE.

De l'Article.

L'article est un mot variable qui sert à déterminer, non-seulement le genre, le nombre et le cas des substantifs, comme en français, mais encore le sens et la portée de ces mots, comme en anglais.

En Pantosdîmouglossa, on reconnaît trois sortes d'article, que l'on nomme *définitif, indéfinitif* et *partitif*. Le premier de ces trois articles sert à définir; le deuxième, à énoncer vaguement; le troisième, à exprimer, non la totalité, mais la portion ou la fraction d'un entier ou d'un nombre.

Les trois articles définitif, indéfinitif ou partitif se déclinent à l'aide de simples prépositions qui, comme en italien, s'incorporent avec eux.

On reconnaît cinq cas dans la déclinaison des articles, qui est la même que celle des substantifs; ce sont : le *nominatif* ou sujet du verbe; l'*accusatif*, ou régime direct du verbe; le *génitif*, le *datif* et l'*ablatif* : ces derniers sont les régimes indirects du verbe au moyen des trois prépositions suivantes :

di,	de,	en anglais : of.
zi,	à,	to.
fi,	de, ou *de la part de*.	from.

En réunissant ces trois prépositions aux articles qui commencent par une voyelle, on retranche la voyelle *i* pour ne faire des deux mots qu'un seul.

DÉCLINAISON DES ARTICLES.

Article définitif.

SINGULIER.

	masculin.		féminin.		neutre.
Nom.	el,	le.	al,	la.	ol,	le.
Acc.	lem,	le.	lam,	la.	lom,	le.
Gén.	del,	du.	dal,	de la.	dol,	du.
Dat.	zel,	au.	zal,	à la.	zol,	au.
Abl.	fel,	du.	fal,	de la.	fol,	du.

PLURIEL.

	masculin.		féminin.		neutre.	
Nom.	eli,	les.	ali,	les.	oli,	les.
Acc.	lemi,	les.	lami,	les.	lomi,	les.
Gén.	deli,	des.	dali,	des.	doli,	des.
Dat.	zeli,	aux.	zali,	aux.	zoli,	aux.
Abl.	feli,	des.	fali,	des.	foli,	des.

Article indéfinitif.

SINGULIER.

	masculin.		féminin.		neutre.	
Nom.	en,	un.	an,	une.	on,	un.
Acc.	nem,	un.	nam,	une.	nom,	un.
Gén.	den,	d'un.	dan,	d'une.	don,	d'un.
Dat.	zen,	à un.	zan,	à une.	zon,	à un.
Abl.	fen,	d'un.	fan,	d'une.	fon,	d'un.

PLURIEL.

	masculin.			féminin.			neutre.		
Nom.	eni,	des,	quidam.	ani,	des,	quædam.	oni,	des,	quædam.
Acc.	nemi,	des,	quosdam.	nami,	des,	quasdam.	nomi,	des,	quædam.
Gén.	deni,	de,	quorumdam.	dani,	de,	quarumdam.	doni,	de,	quorumdam.
Dat.	zeni,	à des,	quibusdam.	zani,	à des,	quibusdam.	zoni,	à des,	quibusdam.
Abl.	feni,	de,	a quibusdam.	fani,	de,	a quibusdam.	foni,	de,	a quibusdam.

Article partitif.

L'article partitif, servant à exprimer la portion d'un entier, toujours du genre neutre au singulier, ou bien la fraction d'un nombre dont les unités peuvent représenter au pluriel les trois genres, n'a qu'un seul cas, c'est le génitif.

En ceci, la Pantosdimouglossa ressemble au français, à l'italien et même au russe, bien que, dans cette dernière langue, il n'existe point d'article.

EXEMPLES.

Donne-moi du pain.	dar-te zid em dol pano.
	dammi del pane. (italien.)
	daï mniè khliéba. (russe.)
Donnez-moi des amis.	dar-teci zid em doli amikoci.
(sens commun.)	datemi degli amici. (italien.)
	daïté mniè droüghoff. (russe.)

GÉNITIF SINGULIER.

m.	f.	n.	
»	»	dol.	*du, de la, de l'.* — *paululùm.* voulant dire *un peu de.*

GÉNITIF PLURIEL.

m.	f.	n.	
deli.	dali,	doli.	*des, de, d',* — *aliquot.* voulant dire *quelques.*

OBSERVATION.

Après la lecture de chaque partie du discours dans la Lexicologie, l'étudiant ne saurait mieux faire que d'en étudier l'application dans la Syntaxe.

Du Substantif.

Comme l'article, le substantif de la Pantosdimouglossa a trois terminaisons pour le singulier et une seule pour le pluriel.

Ces trois terminaisons sont invariablement **e** pour le genre masculin, **a** pour le féminin, et **o** pour le neutre. La terminaison unique des trois genres au pluriel est **i**.

A l'aide des trois terminaisons du singulier, nous établissons cette règle invariable pour connaître les genres des substantifs, etc. : La lettre **e** représente partout le sexe masculin, ou le mâle; **a** représente partout le sexe féminin, ou la femelle; **o** représente partout le genre neutre, qui signifie ici absence ou exclusion de tout sexe. En ceci, j'ai imité la langue anglaise où l'étude des genres est si facile.

Le pluriel de tous les substantifs, soit masculins, féminins ou neutres, se fait en ajoutant **ci** à la terminaison respective du singulier.

RÉCAPITULATION.

	SINGULIER.			PLURIEL.
Masculin,	e-	} ci ou {	-eci.
Féminin,	a-		-aci.
Neutre,	o-.		-oci.

REMARQUE.

Tout substantif représentant un être animé admet la terminaison caractéristique **o** chaque fois qu'on veut désigner l'espèce plutôt que l'individu.

Ainsi, dans l'exemple suivant, qui doit servir pour tous les cas possibles, on verra que le substantif EKE veut dire *cheval;* EKA, *jument;* et EKO, l'espèce cheval, la race chevaline, ou tout simplement la dénomination commune aux deux sexes « *le cheval.* » Dans ce dernier cas, le mot EKO n'a jamais de pluriel en Pantosdîmouglossa.

MODÈLES DE DÉCLINAISON.

Substantif masculin avec l'article définitif.

	SINGULIER.		PLURIEL.	
Nom.	el eke,	le cheval.	eli ekeci,	les chevaux.
Acc.	lem eke,	le cheval.	lemi ekeci,	les chevaux.
Gén.	del eke,	du cheval.	deli ekeci,	des chevaux.
Dat.	zel eke,	au cheval.	zeli ekeci.	aux chevaux.
Abl.	fel eke,	du cheval.	feli ekeci,	des chevaux.

Substantif féminin avec l'article définitif.

	SINGULIER.		PLURIEL.	
Nom.	al eka,	la jument.	ali ekaci,	les juments.
Acc.	lam eka,	la jument.	lami ekaci,	les juments.
Gén.	dal eka,	de la jument.	dali ekaci,	des juments.
Dat.	zal eka,	à la jument.	zali ekaci,	aux juments.
Abl.	fal eka,	de la jument.	fali ekaci,	des juments.

Substantif générique décliné sans article.

Nom.	eko,	le cheval, ou la race chevaline.
Acc.	eko,	le cheval, ou la »
Gén.	did eko,	du cheval ou de la race chevaline.
Dat.	zid eko,	au cheval ou à la » »
Abl.	fid eko,	du cheval ou de la » »

LEXICOLOGIE. — ASPECTS DU SUBSTANTIF.

Substantif masculin décliné avec l'article indéfinitif.

	SINGULIER.		PLURIEL.	
Nom.	en ome,	un homme.	eni omeci,	des hommes.
Acc.	nem ome,	un homme.	nemi omeci,	des hommes.
Gén.	den ome,	d'un homme.	deni omeci,	d'hommes.
Dat.	zen ome,	à un homme.	zeni omeci,	à des hommes.
Abl.	fen ome,	d'un homme.	feni omeci,	d'hommes.

Substantif féminin décliné avec l'article indéfinitif.

	SINGULIER.		PLURIEL.	
Nom.	an oma,	une femme.	ani omaci,	des femmes.
Acc.	nam oma,	une femme.	nami omaci,	des femmes.
Gén.	dan oma,	d'une femme.	dani omaci,	de femmes.
Dat.	zan oma,	à une femme.	zani omaci,	à des femmes.
Abl.	fan oma,	d'une femme.	fani omaci,	de femmes.

Substantif neutre décliné avec l'article indéfinitif.

	SINGULIER.		PLURIEL.	
Nom.	on libro,	un livre.	oni libroci,	des livres.
Acc.	nom libro,	un livre.	nomi libroci,	des livres.
Gén.	don libro,	d'un livre.	doni libroci,	de livres.
Dat.	zon libro,	à un livre.	zoni libroci,	à des livres.
Abl.	fon libro,	d'un livre.	foni libroci,	de livres.

Substantif neutre décliné avec l'article définitif.

	SINGULIER.		PLURIEL.	
Nom.	ol orto,	le jardin.	oli ortoci,	les jardins.
Acc.	lom orto,	le jardin.	lomi ortoci,	les jardins.
Gén.	dol orto,	du jardin.	doli ortoci,	des jardins.
Dat.	zol orto,	au jardin.	zoli ortoci,	aux jardins.
Abl.	fol orto,	du jardin.	foli ortoci,	des jardins.

Substantif décliné avec l'article partitif.

	SINGULIER.			PLURIEL.	
Nom. Acc.	dol pano,	du pain *ou* un peu de pain.	Nom. Acc.	doli panoci,	des pains *ou* quelques pains.

Aspects différents du Substantif.

Tout substantif, soit propre, commun ou générique, est susceptible d'être envisagé sous trois aspects différents : le *positif*, l'*augmentatif* et le *diminutif*.

Aspect positif.

Tout substantif représentant à nos sens ou à notre esprit une simple individualité, sans augmentation ni diminution de forme, de volume ou de qualité, nous apparaît sous l'aspect positif.

EXEMPLES.

Masc.	ome,	*homme.*		omeci,	*hommes.*
Fém.	oma,	*femme.*		omaci,	*femmes.*
Neutre.	omo,	*espèce humaine.*			
Masc.	akile,	*aigle mâle.*		akileci,	*aigles mâles.*
Fém.	akila,	*aigle femelle.*		akilaci,	*aigles femelles.*
Neutre.	akilo,	*la race aquiline.*			
Neutre.	libro,	*livre.*		libroci,	*livres.*

Aspect augmentatif.

Un substantif se présente sous l'aspect augmentatif, lorsqu'il reçoit, au moyen d'une syllabe additionnelle, une augmentation de volume, de forme ou de qualité.

Cette augmentation peut avoir lieu de deux manières tout à fait opposées : en bien, ou en mal.

Si c'est en bien que se fait l'augmentation, l'aspect est nommé *mélioratif*; si c'est en mal, on le nomme *péjoratif*.

L'aspect augmentatif mélioratif se fait en ajoutant au substantif dans sa forme positive, tant au singulier qu'au pluriel, l'affixe invariable **-mò**.

L'aspect augmentatif péjoratif se fait en y ajoutant l'affixe invariable **-nò**.

Ces deux affixes sont ajoutés au substantif positif, dans les deux nombres, par un trait d'union.

EXEMPLES.

AUGMENTATIFS MÉLIORATIFS.   AUGMENTATIFS PÉJORATIFS.

SINGULIER.

ome-mò,	*homme grand et beau.*	ome-nò,	*homme grand et vilain.*
oma-mò,	*femme grande et belle.*	oma-nò,	*femme grande et vilaine.*
akile-mò,	*aigle gros et beau.*	akile-nò,	*aigle gros et vilain.*
akila-mò,	*grosse et belle f. d'aigle.*	akila-nò,	*grosse et vilaine f. d'aigle.*
libro-mò,	*livre gros et beau.*	libro-nò,	*livre gros et vilain.*

PLURIEL.

omeci-mò,	*hommes grands et beaux.*	omeci-nò,	*hommes grands et vilains.*
omaci-mò,	*femmes grandes et belles.*	omaci-nò,	*femmes grandes et vilaines.*
akileci-mò,	*aigles gros et beaux.*	akileci-nò,	*aigles gros et vilains.*
akilaci-mò,	*grosses et belles f. d'aigle.*	akilaci-nò,	*grosses et vilaines f. d'aigle.*
libroci-mò,	*livres gros et beaux.*	libroci-nò,	*livres gros et vilains.*

Aspect diminutif des substantifs.

Un substantif se présente sous l'aspect diminutif, lorsque, au moyen d'une syllabe additionnelle et invariable, il reçoit une diminution de volume, de forme ou de qualité.

Cette diminution peut également avoir lieu de deux manières tout à fait opposées : en bien, ou en mal.

Si c'est en bien que se fait cette diminution, l'aspect est nommé *mélioratif;* si c'est en mal, on le nomme *péjoratif*.

Le premier de ces deux aspects différents se fait en ajoutant à la forme positive du substantif, tant au singulier qu'au pluriel, l'affixe invariable **-tò**; le second, en y ajoutant **-dò**.

EXEMPLES.

DIMINUTIFS MÉLIORATIFS.		DIMINUTIFS PÉJORATIFS.	
SINGULIER.			
ome-tò,	*beau petit homme.*	ome-dò,	*vilain petit homme.*
oma-tò,	*jolie petite femme.*	oma-dò,	*vilaine petite femme.*
akile-tò,	*beau petit aigle.*	akile-dò,	*vilain aiglon.*
akila-tò,	*belle petite f. d'aigle.*	akila-dò,	*vilaine petite f. d'aigle.*
libro-tò,	*joli petit livre.*	libro-dò,	*vilain petit livre.*
PLURIEL.			
omeci-tò,	*beaux petits hommes.*	omeci-dò,	*vilains petits hommes.*
omaci-tò,	*jolies petites femmes.*	omaci-dò,	*vilaines petites femmes.*
akileci-tò,	*beaux aiglons.*	akileci-dò,	*vilains aiglons.*
akilaci-tò,	*beaux aiglons femelles.*	akilaci-dò,	*vilains aiglons femelles.*
libroci-tò,	*jolis petits livres.*	libroci-dò,	*vilains petits livres.*

De l'Adjectif.

En Pantosdimouglossa, l'adjectif reçoit les mêmes distinctions de genre et de nombre que le substantif.

Ce qui le fait aisément et toujours distinguer d'un substantif, c'est la consonne **z** qui le termine invariablement au singulier, et qui, au pluriel, contraste avec **c**, consonne distinctive des substantifs à ce dernier nombre.

L'adjectif se fait accorder en genre et en nombre avec le substantif qu'il est employé à qualifier.

APPLICATIONS.

	SINGULIER.		PLURIEL.	
Masc.	altez,	*haut.*	altezi,	*hauts.*
Fém.	altaz,	*haute.*	altazi,	*hautes.*
Neutre.	altoz,	*haut.*	altozi,	*hauts.*

Place de l'Adjectif.

L'adjectif se place avant le substantif, lorsqu'il communique à ce dernier un sens figuré ou qui est détourné de son acception simple, naturelle et généralement reconnue; — en d'autres termes, lorsqu'il lui prête une qualité qui n'est pas certaine, parce qu'elle peut être contestée.

Au contraire, il se place après le substantif, lorsqu'il lui prête une qualité tout à fait naturelle, certaine, incontestée ou incontestable.

N. B. Cette règle, si facile à appliquer, est destinée à jeter une grande clarté sur le sens et la portée des adjectifs; cependant, elle n'est point absolue.

APPLICATIONS.

SENS CONTESTABLE.	SENS INCONTESTABLE.
el grandez ome.	el ome grandez.
le grand homme.	*l'homme grand.*
eli grandezi omeci.	eli omeci grandezi.
les grands hommes.	*les hommes grands.*
ol bonoz libro.	oli campoci fertilozi.
le bon livre.	*les champs fertiles.*

Degrés de qualification.

Il y a trois degrés de qualification dans les adjectifs : on les nomme *positif, comparatif* et *superlatif.*

Degré positif.

Un adjectif est au degré positif lorsqu'il exprime une qualité pure et simple, comme dans tous les exemples précédents. Je les reproduis ici :

	SINGULIER.		PLURIEL.	
Masc.	grandez,	*grand.*	grandezi,	*grands.*
Fém.	grandaz,	*grande.*	grandazi,	*grandes.*
Neutre.	grandoz,	*grand.*	grandozi,	*grands.*
Masc.	fertilez,	*fertile.*	fertilezi,	*fertiles.*
Fém.	fertilaz,	*fertile.*	fertilazi,	*fertiles.*
Neutre.	fertiloz,	*fertile.*	fertilozi,	*fertiles.*
Masc.	bonez,	*bon.*	bonezi,	*bons.*
Fém.	bonaz,	*bonne.*	bonazi,	*bonnes.*
Neutre.	bonoz,	*bon.*	bonozi,	*bons.*

Degré comparatif.

Le degré comparatif exprime trois rapports : la supériorité, l'infériorité, l'égalité.

1. Le rapport de *supériorité* s'obtient en ajoutant à tout adjectif du degré positif l'affixe invariable **-pô**, *plus*.

2. Le rapport d'*infériorité* s'obtient en ajoutant à tout adjectif du degré positif l'affixe invariable **-mnô**, *moins*.

3. Le rapport d'*égalité* s'obtient en ajoutant à tout adjectif du degré positif l'affixe invariable **-tô**, *aussi, autant*.

Lorsque ce dernier rapport est précédé en français ou dans toute autre langue d'une dénégation, il prend le nom de rapport d'*inégalité*. On l'obtient comme le troisième rapport, en le faisant précéder de l'adverbe négatif **-nô-**, ainsi : **-nô-tô**. La conjonction *que* qui suit se traduit par **ky**, invariablement.

APPLICATIONS.

RAPPORT DE SUPÉRIORITÉ.

Masc.	prydentez-pô		*plus prudent*	
Fém.	prydentaz-pô	ky,	*plus prudente*	que.
Neutre.	prydentoz-pô		*plus prudent*	

RAPPORT D'INFÉRIORITÉ.

Masc.	rikez-mnô		*moins riche*	
Fém.	rikaz-mnô	ky,	*moins riche*	que.
Neutre.	rikoz-mnô		*moins riche*	

RAPPORT D'ÉGALITÉ.

Masc.	altezi-tô		*aussi hauts*	
Fém.	altazi-tô	ky,	*aussi hautes*	que.
Neutre.	altozi-tô		*aussi hauts*	

RAPPORT D'INÉGALITÉ.

Masc.	grandezi-nô-tô		*pas si ou aussi grands*	
Fém.	grandazi-nô-tô	ky,	*pas si ou aussi grandes*	que.
Neutre.	grandozi-nô-tô		*pas si ou aussi grands*	

Degré superlatif.

Le superlatif est un degré de qualification qui n'admet que deux rapports : la supériorité et l'infériorité. Ces deux rapports se font encore au moyen de deux affixes invariables.

Le rapport de *supériorité* au superlatif se fait en ajoutant à l'adjectif, dans sa forme positive, la syllabe ou affixe invariable **-gô**, *très, le plus*.

Le rapport d'*infériorité* se fait par l'addition de l'affixe invariable **-mnò**, *le moins.*

Dans tous les cas de superlatif, soit de supériorité, soit d'infériorité, l'adjectif, à moins qu'il ne soit placé après le substantif, doit être précédé d'une des trois formes de l'article définitif : *el, al, ol; eli, ali, oli.*

APPLICATIONS.

SUPÉRIORITÉ.

Masc.	el rikez-gò,	*le plus riche.*
Fém.	al rikaz-gò,	*la plus riche.*
Neutre.	ol rikoz-gò,	*le plus riche.*

INFÉRIORITÉ.

Masc.	eli rikezi-mnò,	*les moins riches.*
Fém.	ali rikazi-mnò,	*les moins riches.*
Neutre.	oli rikozi-mnò,	*les moins riches.*

Superlatif absolu.

Le superlatif absolu se fait avec la même syllabe que le superlatif relatif de supériorité. Seulement, au lieu d'être affixe, cette syllabe est alors préfixe, c'est-à-dire qu'elle se joint au substantif par-devant avec un tiret.

Le superlatif absolu est généralement précédé de l'article indéfinitif.

APPLICATIONS.

SINGULIER.

en gò-beloz leone,	*un très-beau lion.*
an gò-belaz leona,	*une fort belle lionne.*
on gò-beloz orto,	*un bien beau jardin.*

PLURIEL.

eni gò-belezi leonoci,	*de très-beaux lions.*
ani gò-belazi leonaci,	*de fort belles lionnes.*
oni gò-belozi libroci,	*de bien beaux livres.*

OBSERVATION.

La préposition *de*, qui, en français, suit toujours un superlatif relatif, se traduit en Pantosdîmouglossa comme dans la langue anglaise, selon le sens intime de la phrase, par *de, dans, à, sur, parmi*, etc.

(Voyez la Syntaxe des prépositions.)

Numération.

Les nombres sont ou *cardinaux* ou *ordinaux*. Dans le premier cas, ils sont invariablement neutres et terminés en **o**, sans forme de pluriel. — Dans le second cas, ils sont adjectifs et en suivent les formes au degré positif seulement : **ez, az, oz; ezi, azi, ozi**.

Les adverbes de nombre ou *numéraux* se forment des nombres ordinaux correspondants, en ajoutant à la forme neutre de ceux-ci, au singulier, la désinence particulière aux adverbes : **ò**.

TABLEAU DE LA NUMÉRATION.

NOMBRES CARDINAUX.		NOMBRES ORDINAUX.			ADVERBES NUM.	
			s.	pl.		
			az, oz	ezi, azi, ozi		
ono,	1.	onez,			1er onozò,	1º.
dyo,	2.	dyez,	"	"	2e dyozò,	2º.
tro,	3.	trez,	"	"	3e trozò,	3º.
tetro,	4.	tetrez,	"	"	4e tetrozò,	4º.
pento,	5.	pentez,	"	"	5e pentozò,	5º.
ekso,	6.	eksez,	"	"	6e eksozò,	6º.
epto,	7.	eptez,	"	"	7e eptozò,	7º.
okto,	8.	oktez,	"	"	8e oktozò,	8º.
nono,	9.	nonez,	"	"	9e nonozò,	9º.
deko,	10.	dekez,	"	"	10e dekozò,	10º.
ondeko,	11.	ondekez,	"	"	11e "	11º.
dodeko,	12.	dodekez,	"	"	12e "	12º.
trodeko,	13.	trodekez,	"	"	13e "	13º.
tetrodeko,	14.	tetrodekez,	"	"	14e "	14º.
pentodeko,	15.	pentodekez,	"	"	15e "	15º.
eksodeko,	16.	eksodekez,	"	"	16e "	16º.
eptodeko,	17.	eptodekez,	"	"	17e "	17º.
oktodeko,	18.	oktodekez,	"	"	18e "	18º.
nonodeko,	19.	nonodekez,	"	"	19e "	19º.
venteko,	20.	ventekez,	"	"	20e "	20º.
ventekono,	21.	ventekonez,	"	"	21e "	21º.
ventekdyo,	22.	ventekdyez,	"	"	22e "	22º.
ventektro,	23.	ventektrez,	"	"	23e "	23º.
ventektetro,	24.	ventektetrez,	"	"	24e "	24º.
ventekpento,	25.	ventekpentez,	"	"	25e "	25º.
ventekekso,	26.	ventekeksez,	"	"	26e "	26º.
ventekepto,	27.	ventekeptez,	"	"	27e "	27º.
ventekokto,	28.	ventekoktez,	"	"	28e "	28º.
venteknono,	29.	venteknonez,	"	"	29e "	29º.
trenteko, etc..	30.	trentekez, etc..	"	"	30e "	30º.
tetrenko,	40.	tetrenkez,	"	"	40e "	40º.
penteko,	50.	pentekez,	"	"	50e "	50º.
ekseko,	60.	eksekez,	"	"	60e "	60º.
epteko,	70.	eptekez,	"	"	70e "	70º.
okteko,	80.	oktenez,	"	"	80e "	80º.

LEXICOLOGIE. — NUMÉRATION.

NOMBRES CARDINAUX.		NOMBRES ORDINAUX.	s.	pl.		ADVERBES NUM.	
noneko, etc.,	90.	nonekez, etc.,	az, oz,	ezi, azi, ozi,	90e.	nonekozò	90°.
ekato,	100.	ekatez,	"	"	100e.	"	100°.
ekatono,	101.	ekatonez,	"	"	101e.	"	101°.
ekatodyo,	102.	ekatodyez,	"	"	102e.	"	102°.
ekatotro,	103.	ekatotrez,	"	"	103e.	"	103°.
ekatotetro,	104.	ekatotetrez,	"	"	104e.	"	104°.
ekatopento,	105.	ekatopentez,	"	"	105e.	"	105°.
ekatekso,	106.	ekateksez,	"	"	106e.	"	106°.
ekatepto,	107.	ekateptez,	"	"	107e.	"	107°.
ekatokto,	108.	ekatoktez,	"	"	108e.	"	108°.
ekatonono,	109.	ekatononez,	"	"	109e.	"	109°.
ekatodeko,	110.	ekatodekez,	"	"	110e.	"	110°.
ekatondeko,	111.	ekatondekez,	"	"	111e.	"	111°.
ekatododeko,	112.	ekatododekez,	"	"	112e.	"	112°.
ekatotredeko,	113.	ekatotredekez,	"	"	113e.	"	113°.
ekatotetrodeko,	114.	ekatotetrodekez,	"	"	114e.	"	114°.
ekatopentodeko,	115.	ekatopentodekez,	"	"	115e.	"	115°.
ekateksodeko,	116.	ekateksodekez,	"	"	116e.	"	116°.
ekateptodeko,	117.	ekateptodekez,	"	"	117e.	"	117°.
ekatoktodeko,	118.	ekatoktodekez,	"	"	118e.	"	118°.
ekatononodeko,	119.	ekatononodekez,	"	"	119e.	"	119°.
ekatoventeko,	120.	ekatoventekez,	"	"	120e.	"	120°.
ekatoventekono, etc.,	121.	ekatoventekonez, &ª,	"	"	121e.	"	121°.
ekatotrenteko, "	130.	ekatotrentekez,	"	"	130e.	"	130°.
ekatotetrenko, "	140.	ekatotetrenkez,	" "	"	140e.	"	140°.
ekatopenteko, "	150.	ekatopentekez,	" "	"	150e.	"	150°.
ekatekseko, "	160.	ekateksekez,	" "	"	160e.	"	160°.
ekatepteko, "	170.	ekateptekez,	" "	"	170e.	"	170°.
ekatokteko, "	180.	ekatoktekez,	" "	"	180e.	"	180°.
ekatononeko, "	190.	ekatononekez,	" "	"	190e.	"	190°.
dyekato,	200.	dyekatez,	"	"	200e.	"	200°.
trekato,	300.	trekatez,	"	"	300e.	"	300°.
tetrekato,	400.	tetrekatez,	"	"	400e.	"	400°.
pentekato,	500.	pentekatez,	"	"	500e.	"	500°.
eksekato,	600.	eksekatez,	"	"	600e.	"	600°.
eptekato,	700.	eptekatez,	"	"	700e.	"	700°.
oktekato,	800.	oktekatez,	"	"	800e.	"	800°.
nonekato,	900.	nonekatez,	"	"	900e.	"	900°.
kilo,	1,000.	kilez,	"	"	1,000e.	"	"
dykilo,	2,000.	dykilez,	"	"	2,000e.	"	"
trokilo, etc.,	3,000.	trokilez,	"	"	3,000e.	"	"
myro,	10,000.	myrez,	"	"	10,000e.	"	"
ekatokilo,	100,000.	ekatokilez,	"	"	100,000e.	"	"
nonekatokilo,	900,000.	nonekatokilez,	"	"	900,000e.	"	"
ekato-myro,	1,000,000.	ekato-myrez,	"	"	1,000,000e.	"	"
dek-ekato-myro,	100,000,000.	dek-ekato-myrez,	"	"	100,000,000e.	"	"

Suite de la Numération.

En outre des nombres cardinaux, ordinaux, et des adverbes de numération, il y a d'autres formes numériques ou noms de nombres qui s'intitulent *distributifs, multiplicatifs, répétitifs* et *définitifs*.

LEXICOLOGIE. — NUMÉRATION.

Nombres distributifs.

Les nombres distributifs servent à diviser, fractionner ou distribuer les quantités; ce sont :

ol entero *,	l'entier.
ol toto,	le total.
ol medio, ou mezo,	la moitié.
ol terzo,	le tiers.
ol karto,	le quart.
ol kinto,	le cinquième.
ol sesto,	le sixième.
ol septimo,	le septième.
ol oktavo,	le huitième.
ol nono,	le neuvième.
ol decimo,	le dixième, — décime.
ol ondecimo,	le onzième.
ol dyodecimo,	le douzième.
ol tredecimo,	le treizième.
ol katordecimo,	le quatorzième.
ol kindecimo,	le quinzième.
ol sesdecimo, etc.,	le seizième.
ol centimo,	le centième, — centime.
ol milezimo,	le millième, — millime.

* Tous ces substantifs numériques, distributifs ou fractionnaires, se mettent au pluriel en ajoutant la terminaison ordinaire **ci**.

EXEMPLES.

oli deko decimoci facéra on entero,	les dix dixièmes font un entier.

On fera ainsi tous les autres nombres distributifs des nombres latins correspondants, en changeant **us** en **o** : mais on les fera encore, et beaucoup plus facilement, des adjectifs numéraux au neutre, *onoz, dyoz, troz, tetroz, pentoz*, etc., en les faisant suivre immédiatement du substantif *parto* (partie).

EXEMPLES.

ol ekatoz parto don franko séra on centimo,	la centième partie d'un franc est un centime.

Ainsi, les mots *ol dekoz parto* signifient : *la dixième partie, le dixième* ou *la dîme*.

Nombres multiplicatifs.

Les nombres multiplicatifs servent à multiplier ou accroître les quantités et les nombres. Les principaux sont :

	m.	f.	n.	pl.		
simplez,	az,	oz,	— i,		*simple*,	*simples*.
dyplez,	»	»	»		*double*,	»
triplez,	»	»	»		*triple*,	»
kadryplez,	»	»	»		*quadruple*,	»
kintyplez,	»	»	»		*quintuple*,	»
sestyplez,	»	»	»		*sextuple*, ou	*6 fois autant.*
septyplez,	»	»	»		*septuple*. »	*7* »
oktyplez,	»	»	»		*octuple*. »	*8* »
nonyplez,	»	»	»		*nonuple*, »	*9* »
dekyplez,	»	»	»		*décuple*, »	*10* »
centyplez,	»	»	»		*centuple*. »	*100* »

Nombres répétitifs.

Les nombres répétitifs servent à répéter les actions. Ils sont adverbes. On les fait tout simplement en mettant un accent grave sur tous les nombres cardinaux.

EXEMPLES.

onò,	*une fois.*	ventekò,	*vingt fois.*
dyò,	*deux fois.*	trentekò,	*trente fois.*
trò,	*trois fois.*	tetrenkò,	*quarante fois.*
tetrò,	*quatre fois.*	pentekò,	*cinquante fois.*
pentò,	*cinq fois.*	eksekò,	*soixante fois.*
eksò,	*six fois.*	eptekò,	*soixante-dix fois.*
eptò,	*sept fois.*	oktekò,	*quatre-vingts fois.*
oktò,	*huit fois.*	nonekò,	*quatre-vingt-dix fois.*
nonò,	*neuf fois.*	ekatò,	*cent fois.*
dekò,	*dix fois.* etc.	kilò,	*mille fois.* etc.

Nombres définitifs.

Les nombres définitifs servent à disposer, arranger ou distribuer les individus, ainsi que les quantités et les nombres. Ce sont :

dyo zi dyo,	*deux à deux.*
tro zi tro,	*trois à trois.*
tetro zi tetro,	*quatre à quatre.*
ono pid ono,	*un par un.*
deko pi deko,	*dix par dix.*
fi dyod ono,	*de deux l'un.*
fi dekod ono, etc.,	*de dix un : un sur dix*, etc.

Du Pronom.

Le pronom est un mot qui tient la place du nom. Il y en a six sortes : les pronoms *personnels, possessifs, démonstratifs, relatifs, interrogatifs* et *indéterminés*.

Première sorte.

Le Pronom personnel.

Le pronom personnel tient la place des noms substantifs de toute sorte. Il marque le sexe masculin ou le féminin à la première ainsi qu'à la seconde personne des deux nombres, selon qu'il représente un individu mâle ou femelle. A la troisième personne seulement, il admet le genre neutre tant au pluriel qu'au singulier.

Le pronom personnel, dans les deux nombres et dans les trois personnes, a deux cas parfaitement distincts : l'un représente le sujet du verbe ou le *nominatif*; l'autre, le régime du verbe ou d'une préposition, c'est l'*accusatif*.

La troisième personne indéfinie du pronom personnel, qui, en français, est représentée par *on, se* ou *soi*, est représentée en Pantosdimouglossa par un simple mot, qui tient lieu non-seulement des trois formes *on, se* ou *soi*, mais encore de toutes les formes du pronom personnel réfléchi *me, te, se, nous, vous, se*, comme cela se pratique en langue russe.

(Voyez la forme du pronom réfléchi.)

Tout pronom personnel, soit sujet, soit régime direct ou indirect, se place indifféremment avant ou après le verbe dont il dépend : l'euphonie est le seul guide à cet égard.

(Voyez la Syntaxe du pronom personnel.)

DÉCLINAISON DES PRONOMS PERSONNELS.

SINGULIER.

	NOMINATIF.		ACCUSATIF.	
		Première personne.		
Masc.	e,	*je* ou *moi*.	em,	*me, moi*.
Fém.	a,	*je* ou *moi*.	am,	*me, moi*.
		Seconde personne.		
Masc.	te,	*tu* ou *toi*.	tem,	*te* ou *toi*.
Fém.	ta,	*tu* ou *toi*.	tam,	*te* ou *toi*.

LEXICOLOGIE. — PRONOMS.

Troisième personne.

	NOMINATIF.			ACCUSATIF.
Masc.	lhe,	il, lui.	lhem,	le, lui.
Fém.	lha,	elle.	lham,	la, elle.
Neutre.	lho,	il, elle, ce ou cela.	lhom,	le, la, ce ou cela.
Indét.	dzo,	on, quelqu'un.	dzom,	se, soi.

PLURIEL.

	NOMINATIF.			ACCUSATIF.

Première personne.

Masc.	eci,	nous.	emci,	nous.
Fém.	aci,	nous.	amci,	nous.

Seconde personne.

| Masc. | teci, | vous. | temci, | vous. |
| Fém. | taci, | vous. | tamci, | vous. |

Troisième personne.

Masc.	lheci,	ils, eux.	lhemci,	les, eux.
Fém.	lhaci,	elles.	lhamci,	les, elles.
Neutre.	lhoci,	ils, elles.	lhomci,	les.
Indét.	dzoci,	certains, quidam.	dzomci,	certains, quosdam.

Pronom personnel réfléchi.

Le pronom personnel réfléchi représente les trois personnes en un seul mot : mais ce mot unique admet les différences de sexe, de genre et de nombre.

EXEMPLES.

	SINGULIER.			PLURIEL.	
Masc.	dzem*,			dzemci,	
Fém.	dzam,	me, te, se.		dzamci,	nous, vous, se.
Neutre.	dzom,			dzomci,	

* Cette forme de pronom étant toujours le régime d'un verbe, est essentiellement à l'accusatif. On obtiendra tous les cas indirects en plaçant devant elle une des prépositions **di**, **zi**, **fi**, etc.

Pronoms personnels emphatiques.

Lorsqu'on veut exprimer en Pantosdimouglossa ces formes pronominales personnelles emphatiques du français : *moi-même, toi-même, lui-même,* etc., il suffit d'adjoindre les pronoms personnels ordinaires **e, te, lhe,** etc., au nominatif et à l'accusatif de la forme réfléchie : **dze, dza, dzo,** etc.

APPLICATIONS.

SINGULIER.

	NOMINATIF.		ACCUSATIF.	
		Première personne.		
Masc.	edze,	} moi-même.	edzem,	} moi-même.
Fém.	adza,		adzam,	
		Seconde personne.		
Masc.	tedze,	} toi-même.	tedzem,	} toi-même.
Fém.	tadza,		tadzam,	
		Troisième personne.		
Masc.	lhedze,	lui-même.	lhedzem,	lui-même.
Fém.	lhadza,	elle-même.	lhadzam,	elle-même.
Neutre	lhodzo,	soi-même.	lhodzom,	soi-même.

PLURIEL.

	NOMINATIF.		ACCUSATIF.	
		Première personne.		
Masc.	ecidzeci,	} nous-mêmes.	ecidzemci,	} nous-mêmes.
Fém.	acidzaci,		acidzamci,	
		Seconde personne.		
Masc.	tecidzeci,	} vous-mêmes.	tecidzemci,	} vous-mêmes.
Fém.	tacidzaci,		tacidzamci,	
		Troisième personne.		
Masc.	lhecidzeci,	eux-mêmes.	lhecidzemci,	eux-mêmes.
Fém.	lhacidzaci,	elles-mêmes.	lhacidzamci,	elles-mêmes.
Neutre	lhocidzoci,	eux, elles-mêmes.	lhocidzomci,	eux, elles-mêmes.

REMARQUE.

En mettant une préposition devant une des formes de l'accusatif, on obtiendra le régime indirect dont on aura besoin.

EXEMPLES.

Gén.	did em,	de moi.	m.	did emci,	de nous.	m.
Dat.	zid em,	à moi ou me.		zid emci,	à nous, nous.	
Abl.	fid em,	de moi, — from me.		fid emci,	de nous, — from us.	
Gén.	di tam,	de toi.	f.	di tamci,	de vous.	f.
Dat.	zi lham,	à elle, lui.		zi lhamci,	à elles, leur.	
Abl.	fi lhem,	de lui, en, — from him.		fi lhemci,	d'eux, en, — from them.	
Acc.	pri lhom,	pour cela.	n.	pri lhomci,	pour eux.	n.
Acc.	pid adzam,	par moi-même.	f.	pid adzamci,	par nous-mêmes.	f.

Deuxième sorte.

Le Pronom possessif.

Les pronoms possessifs doivent être considérés comme des adjectifs. De même qu'en français, il faut les faire accorder en genre et en nombre avec le substantif qui les suit ou précède immédiatement.

La Pantosdimouglossa, de même que la langue latine, n'admet qu'une espèce de pronom ou d'adjectif possessif. Ainsi *mon, ma, mes; ton, ta, tes,* etc., et *le mien, la mienne,* etc., ou *à moi, à toi, à lui* (cette dernière expression précédée du verbe *être*), se rendent par la même forme de pronoms possessifs.

Il faut se rappeler que, lorsque les pronoms possessifs viennent avant le substantif avec lequel ils sont en rapport, ils n'admettent point d'article; mais que, s'ils viennent après, ce même substantif doit être précédé de l'article définitif.

TABLEAU DES PRONOMS POSSESSIFS.

SINGULIER.

Masc.	emez,	mon, notre.	le mien, le nôtre.	à moi. à nous.
Fém.	emaz,	ma, notre.	la mienne, la nôtre.	à moi. à nous.
Neutre.	emoz,	mon, notre.	le mien, le nôtre.	à moi. à nous.
Masc.	tez,	ton, votre.	le tien, le vôtre.	à toi. à vous.
Fém.	taz,	ta, votre.	la tienne, la vôtre.	à toi. à vous.
Neutre.	toz,	ton, votre.	le tien, le vôtre.	à toi. à vous.
Masc.	lhez,	son, leur.	le sien, le leur.	à lui, à elle. à eux, à elles.
Fém.	lhaz,	sa, leur.	la sienne, la leur.	à lui, à elle. à eux, à elles.
Neutre.	lhoz,	son, leur.	le sien, le leur.	à lui, à elle. à eux, à elles.
Indéf.	dzoz,	son, le sien.	sa, la sienne.	à soi.

PLURIEL.

Masc.	emezi,	mes, nos,	les miens, les nôtres,	à moi. à nous.
Fém.	emazi,	mes, nos,	les miennes, les nôtres,	à moi. à nous.
Neutre.	emozi,	mes', nos,	les miens, les nôtres,	à moi. à nous.
Masc.	tezi,	tes, vos,	les tiens, les vôtres,	à toi. à vous.
Fém.	tazi,	tes, vos,	les tiennes, les vôtres,	à toi. à vous.
Neutre.	tozi,	tes, vos,	les tiens, les vôtres,	à toi. à vous.
Masc.	lhezi,	ses, leurs,	les siens, les leurs,	à lui, à elle. à eux, à elles.
Fém.	lhazi,	ses, leurs,	les siennes, les leurs,	à lui, à elle. à eux, à elles.
Neutre.	lhozi,	ses, leurs,	les siens, les leurs,	à lui, à elle. à eux, à elles.
Indéf.	dzozi,	ses,	les siens, les siennes,	à soi.

REMARQUES.

Chacun de ces pronoms ou adjectifs de possession a la double faculté d'exprimer soit l'*unité*, soit la *pluralité* par rapport au substantif représentant le possesseur. Ainsi *mon* et *notre* se disent **emez**, **emaz** ou **emoz**, selon le genre du substantif de la chose possédée, et ainsi des autres.

Le verbe *être*, qui précède quelquefois la préposition à suivie d'un substantif, comme dans : « *Cette maison est à mon père* », doit être suivi de la préposition **di** en Pantos-dîmouglossa.

Un de mes amis, un de tes amis, un de ses amis, etc., se rendent par *un mien ami* ou *un ami mien*.

Troisième sorte.

Le Pronom démonstratif.

Les pronoms démonstratifs sont aussi de véritables adjectifs servant à montrer ou désigner les personnes ou les objets inanimés. On en distingue trois sortes :

1° Les pronoms démonstratifs servant à montrer les personnes ou objets près ou proches de la personne qui parle sont : **dez, daz, doz**, etc.

2° Les pronoms démonstratifs servant à montrer les personnes ou objets loin ou éloignés, ou moins rapprochés de celui qui parle, ou bien qui sont près ou proches de celui à qui l'on parle, sont : **stez**, **staz**, **stoz**, etc.

3° Les pronoms démonstratifs qui servent à attirer les regards ou bien l'attention sur un objet que l'on veut adjoindre à deux autres déjà montrés ou énoncés sont : **ktez, ktaz, ktoz**, etc.

Tous ces adjectifs de démonstration, de même que les autres adjectifs, s'accordent en genre et en nombre avec le nom substantif qui vient après.

TABLEAU DES PRONOMS DÉMONSTRATIFS.

SINGULIER.   PLURIEL.

Première forme.

Masc.	dez,	ce, cet, ce ... -ci.	dezi,	
Fém.	daz,	celle, celle ... -ci.	dazi,	ces, ces ... -ci.
Neutre.	doz,	ce, cet, celle, etc.	dozi,	

Seconde forme.

Masc.	stez,	ce, cet, ce ... -là.	stezi,	
Fém.	staz,	celle, celle ... -là.	stazi,	ces, ces ... -là.
Neutre.	stoz,	ce, celle, celle ... -là.	stozi,	

Troisième forme.

Masc.	ktez,	celui ou cet autre.	ktezi,	ceux.
Fém.	ktaz,	celle »	ktazi,	celles.
Neutre.	ktoz,	celui, celle »	ktozi,	ceux, celles.

OBSERVEZ : Toutes les fois que le pronom français *celui, celle, ceux, celles* est suivi d'un des adverbes *ci* ou *là*; d'un pronom relatif, tel que : *qui, que, de qui, dont, à qui*; ou bien de la préposition *de*, la Pantosdimouglossa veut que l'on emploie la troisième forme du pronom démonstratif, **ktez, ktaz, ktoz**, etc.

EXEMPLES.

Neutre.	ktoz, ktozi,	*celui-ci, ceux-ci.*
Neutre.	ktoz, ktozi,	*celui-là, ceux-là.*
Masc.	ktez ke, ktezi kecimi,	*celui qui, ceux que.*
Fém.	ktaz di kam, ktazi zi kacimi,	*celle dont, celles à qui.*
N., f.	ktoz di, ktaz di,	*celui de, celle de.*

Ce qui ou *ce que* se disent aussi **ktoz ko**.

Quatrième sorte.

Le Pronom relatif.

Le pronom relatif étant le véritable représentant du substantif auprès des verbes, se décline comme le substantif ou comme le pronom personnel.

De même que l'article et que le pronom personnel, il a deux formes bien distinctes : celle du sujet ou nominatif, et celle du régime ou accusatif.

Comme en latin, on le fait toujours accorder avec son antécédent en genre, en nombre et en cas.

DÉCLINAISON DU PRONOM RELATIF.

NOMINATIF.

	SINGULIER.		PLURIEL.	
Masc.	ke,	*qui, lequel.*	keci,	*qui, lesquels.*
Fém.	ka,	*qui, laquelle.*	kaci,	*qui, lesquelles.*
Neutre.	ko,	*qui, lequel.*	koci,	*qui, lesquels.*

ACCUSATIF.

	SINGULIER.		PLURIEL.	
Masc.	kem,	*que, lequel.*	kecimi,	*que, lesquels.*
Fém.	kam,	*que, laquelle.*	kacimi,	*que, lesquelles.*
Neutre.	kom,	*que, lequel.*	kocimi,	*que, lesquels.*

Lorsqu'on emploie une préposition avant un pronom relatif, celui-ci doit toujours être à l'accusatif.

Cinquième sorte.

Le Pronom interrogatif.

Le pronom interrogatif se présente sous trois formes différentes.

La première représente les personnes seulement. Comme en latin, elle possède les trois genres et les deux nombres ; de plus, elle a une forme pour le sujet et une pour le régime. Elle s'emploie seule.

La deuxième représente tous les êtres animés ou inanimés, et doit toujours être suivie d'un substantif avec lequel on la fait accorder en genre et en nombre.

La troisième représente encore toute sorte de substantif. Elle sert à déterminer un choix à faire entre deux ou plusieurs individus ou objets. On peut l'employer, comme la première forme, toute seule ; ou, comme la seconde forme, devant un substantif avec lequel elle s'accorde en genre et en nombre, vu qu'elle est, elle, un véritable adjectif.

Tous les pronoms interrogatifs se déclinent à l'aide des prépositions : la première est la seule qui ait une forme distincte pour l'accusatif.

TABLEAU DES PRONOMS INTERROGATIFS.

Première forme, suivie d'un verbe.

SINGULIER.

	NOMINATIF.			ACCUSATIF.
Masc.	ke-ly?	*qui?* (parl. d'un homme)	keci-ly?	*qui?* (hommes)
Fém.	ka-ly?	*qui?* (parl. d'une femme)	kaci-ly?	*qui?* (femmes)
Neutre.	ko-ly?	*quoi? qu'est-ce qui?*	koci-ly?	*quelles choses?*

	ACCUSATIF.			ACCUSATIF.
Masc.	kem-ly?	*qui?* (homme)	kecimi-ly?	*qui?* (hommes)
Fém.	kam-ly?	*qui?* (femme)	kacimi-ly?	*qui?* (femmes)
Neutre.	kom-ly,	*que? — quid? — what?*	kocimi-ly?	*quelles choses?*

Deuxième forme, suivie d'un substantif.

	SINGULIER.			PLURIEL.
Masc.	kez?	*quel?*	kezi?	*quels?*
Fém.	kaz?	*quelle?*	kazi?	*quelles?*
Neutre.	koz?	*quel? quelle?*	kozi?	*quels? quelles?*

Troisième forme, suivie ou non d'un substantif.

	SINGULIER.			PLURIEL.
Masc.	kedez?	*lequel?*	kedezi?	*lesquels?*
Fém.	kadaz?	*laquelle?*	kadazi?	*lesquelles?*
Neutre.	kodoz?	*lequel? laquelle?*	kodozi?	*lesquels? lesquelles?*

OBSERVEZ : Lorsqu'on emploie la troisième forme en Pantosdîmouglossa, on doit la faire suivre de la préposition **di**, si elle vient avant un substantif ; mais il faut l'employer sans préposition, si elle est seule ou suivie d'un verbe.

REMARQUE.

Lorsque les mots *quel, quelle, quels, quelles, quoi*, au lieu de servir à faire des questions, sont employés pour témoigner de l'étonnement, de la surprise ou de l'admiration, on les traduit par les formes suivantes :

Pronoms exclamatifs.

	SINGULIER.			PLURIEL.
Masc.	kelez!	*quel!*	kelezi!	*quels!*
Fém.	kataz!	*quelle!*	katazi!	*quelles!*
Neutre.	kotoz!	*quel! quelle!*	kotozi!	*quels! quelles!*
Indét.	kolo!	*quoi!*		

Sixième sorte.

Les Pronoms indéterminés.

Je range sous le titre de pronoms indéterminés une foule d'expressions tant adjectives que pronominales, qui n'appartiennent à aucune des cinq classes qui précèdent, et auxquelles pourtant un rôle fixe est assigné dans la construction de la phrase.

Comme il est un très-grand nombre et une très-grande variété de ces pronoms ou locutions pronominales indéterminées, je les arrange ici alphabétiquement en français, autant pour en faciliter l'application grammaticale que la recherche dans le dictionnaire.

TABLEAU ALPHABÉTIQUE DES LOCUTIONS PRONOMINALES INDÉTERMINÉES.

nylez, az, oz, — ezi, azi, ozi,	*Aucun, aucune.*
alterez, az, oz, — ezi, azi, ozi.	*autre.*
en * alterez, an alteraz, on alteroz,	*un autre, une autre.*
eni * alterezi, ani alterazi, oni alterozi,	*d'autres.*
eli * alterezi, ali alterazi, oli alterozi,	*les autres.*
di tò pò ... ky,	*d'autant plus ... que.*
di tò mnò ... ky,	*d'autant moins ... que*
alienez, alienaz, alienoz, — i,	*d'autrui.*
mez, maz, moz,	*Beaucoup de* (sing.).
mezi, mazi, mozi,	*beaucoup de* (plur.).
emnez, emnaz, emnoz; emnezi, etc..	*bien du, bien de la, bien des.*
kiskonez, kiskonaz, kiskonoz,	*Chacun, chacune.*
kiskez, kiskaz, kiskoz,	*chaque.*
dol (neutre),	*De la.*
deli, dali, doli,	*des.*
eni * similezi, ani similazi, oni similozi,	*de semblables.*
di dzem, di dzam,	*de soi.*
dol (neutre),	*du.*
di lhem, di lham, di lhom, { di lhemci, di lhamci, di lhomci, }	*En.*
ono di lhomci,	*en ... un, en ... une.*
adj. — koci séry (adj. — *qui soient*),	*en ... de ou en ... des.*
edemez, adamaz, odomoz; edemezi, etc.,	*Le même, la même, les mêmes.*
mnò ... mnò,	*Moins ... moins.*
nylez, nylaz, nyloz; nylezi, etc.,	*Nul, nulle; nuls, nulles.*
nylalterez, nylalteraz, nylalteroz, etc.,	*nul autre, nulle autre.*
dzo,	*On ou l'on.*
nylez, nylaz, nyloz; nylezi, etc.,	*Pas de, point de.*

nenez, nenaz, nenoz; nenezi, etc., nenozi (plur. n.),	pas un, pas une. personne.
plerikezi, plerikazi, plerikozi,	la plupart de.
pò ... pò,	plus ... plus.
plerezi, plerazi, plerozi,	plusieurs.
moltezi, moltazi, moltozi,	plus d'un, plus d'une.
» » »	plus d'un homme.
alikez, alikaz, alikoz; alikezi, etc.,	Quelque, quelques.
kez ... ky, kaz ... ky, koz ... ky,	quel ... que, quelle ... que.
kezi ... ky, kazi ... ky, kozi ... ky,	quels ... que, quelles ... que.
ketez ... ky, kataz ... ky, kotoz ... ky, — i,	quelque ... que.
ketez, kataz, kotoz; ketezi, etc., ... ky sery,	quel, quelle, quels, etc., ... que ce soit.
alikez, alikaz, alikoz,	quelqu'un, quelqu'une.
alikezi, alikazi, alikozi,	quelques-uns, quelques-unes.
alikoz (neutre sans préposition),	quelque chose de.
caliskonkez, caliskonkaz, caliskonkoz,	quelconque.
kiconkez, kiconcaz, kiconcoz,	quiconque.
ketez séry ky, kataz séry ky,	qui que ce soit qui.
ketez séry kem, kataz séry kam,	qui que ce soit que.
kotoz séry kom,	quoi que ce soit que.
niloz,	Rien.
niloz,	rien ... ne.
dzoz, dzozi (indéfini),	Son, sa, ses (indéfini).
ol dzoz (indéfini),	le sien (indéfini).
talez, talaz, taloz; talezi, etc,	Tel, telle; tels, telles.
totez, totaz, totoz ou omnez, etc.,	tout, toute.
totalterez, totalteraz, totalteroz, — i ... ky,	tout autre que.
omnoz ko,	tout ce qui.
omnoz kom,	tout ce que.
ambezi, ambazi, ambozi,	tous deux, tous les deux.
omnozi,	tout le monde.
ketez ke, kataz ka; ketezi keci, etc.,	toute personne qui.
ketez kem, kataz kam; ketezi kemci, etc.,	toute personne que.
eli nemi, ali nami, oli nomi; eli alterezi, etc.,	les uns les autres.
en-nem, an-nam, on-nom, { eni-nemi, ani-nami, oni-nomi,	l'un l'autre, l'une l'autre.
ambezi, ambazi, ambozi,	l'un et l'autre, l'une et l'autre.
en { alterez, eni { alterezi, an } vely { alteraz, ani } vely { alterazi, on { alteroz, oni { alterozi,	l'un ou l'autre, l'une ou l'autre.
nytrez, nytraz, nytroz, etc.,	ni l'un ni l'autre, ni l'une ni l'autre.
nytrezi, nytrazi, nytrozi,	ni les uns ni les autres, ni les unes ni les autres.
en* similez, an similaz, on similoz,	un semblable.
eni* similezi, ani similazi, oni similozi,	de semblables.
» » »	un pareil.
zi lhom, zi lhocimi,	Y.

REMARQUE.

La plupart des expressions contenues dans le tableau qui précède ne sont, comme on peut s'en assurer par un simple coup d'œil, autre chose que des adjectifs. Par conséquent, il faudra en toute occasion les traiter comme ces derniers; ce qui réduira énormément la difficulté d'en faire l'application qui s'en fait dans les langues anciennes ou modernes.

Si j'ai jugé à propos de les renfermer dans ce cadre alphabétique malgré leur nature et leur forme d'adjectifs, c'est uniquement pour que mes compatriotes, ainsi que les autres peuples, qui voudront apprendre la Pantosdîmouglossa par le médium du français, ne soient aucunement embarrassés dans la recherche de ces expressions si variées et si nombreuses, qui sont, en toute langue, nommées pronoms indéfinis ou indéterminés, et que l'on n'aurait peut-être pas toujours la patience de chercher ou bien l'adresse de trouver dans un dictionnaire.

* L'article défínitif *el*, *al*, *ol*; *eli*, *ali*, *oli*, ainsi que l'indéfinitif *en*, *an*, *on*; *eni*, *ani*, *oni*, doivent être mis à l'accusatif, et s'écrire *lem*, *lam*, *lom*; *lemi*, *lami*, *lomi*; et *nem*, *nam*, *nom*; *nemi*, *nami*, *nomi*, toutes les fois qu'ils sont les régimes d'un verbe ou d'une préposition.

Du Verbe.

Le verbe, *c'est la parole*. Donc, dans toute langue, le verbe doit être la partie du discours la plus importante : c'est incontestable. Puisque le verbe est la principale partie de l'oraison, pourquoi ne pas la rendre aussi accessible à l'intelligence, et à la mémoire surtout, que les autres parties du langage?

Telle a été mon idée en composant cette Grammaire primitive; je crois l'avoir réalisée. On en jugera par ce qui va suivre.

La Conjugaison.

Les verbes de la Pantosdîmouglossa se conjuguent tous, sans exception, sur le même plan ou modèle de conjugaison, lequel admet quinze modifications.

TABLEAU DES DIVERSES MODIFICATIONS DU VERBE.

1. amár,   *actif ou neutre simple.*
2. amár-vé,   *actif ou neutre composé.*
3. amár-sé,   *passif simple.*
4. amár-sé-vé,   *passif composé.*

5. amár-dzem, etc.,	*réfléchi simple.*
6. amár-dzem-vê,	*réfléchi composé.*
7. amár-en-nem, etc.,	*réciproque simple.*
8. amár-en-nem-vê,	*réciproque composé.*
9. amár-nò, *	*négatif, etc.*
10. amár-ly, *	*interrogatif. etc.*
11. amár-nò-ly, *	*négatif et interrogatif, etc.*
12. amár-sò, *	*fréquentatif, etc.*
13. amár-rò, *	*itératif* ou *réitératif. etc.*
14. amár-tò, *	*restrictif, etc.*
15. amár * (sans pronom.)	*unipersonnel, etc.*

* Toutes ces modifications sont susceptibles d'être adaptées à celles qui précèdent.

EXPLICATION DES MODIFICATIONS DU VERBE.

La Pantosdimouglossa, à proprement parler, n'admet point de verbe auxiliaire. En cela elle est plus simple qu'aucune des langues de l'Europe.

Tout verbe ne possède, indépendamment des participes qui suivent l'analogie des adjectifs, que dix formes de temps. Ceux-ci servent à exprimer toutes les nuances du *passé*, du *présent* et de l'*avenir*.

Il est vrai que chacune de ces dix formes de temps est susceptible d'admettre les quinze modifications indiquées dans le tableau qui précède, et dont je donne ici l'explication nécessaire.

2. Le passé, dans chacun des dix temps du verbe, est exprimé par la syllabe affixe **-vê**, qui est l'abréviation de *aver* (avoir).

3. Le passif y est exprimé par la syllabe affixe **-sê**, qui est l'abréviation de *ser* (être).

4. Le passif passé, par les deux syllabes affixes **-sê-vê**, abréviations de *ser* et *aver* (être et avoir).

5. Le sens réfléchi, par les affixes **-dzem, -dzam, -dzom**; **-dzemci, -dzamci, -dzomci**, qui toutes signifient, eu égard au genre et au nombre du sujet du verbe, *me, te, se, nous, vous, se*.

6. Le sens réfléchi passé, par l'un des affixes ci-dessus, associé à **-vê**, ainsi : **-dzem-vê**, etc.

7-8. La réciprocité d'action présente, par **-en-nem, -an-nam, -on-nom; -eni-nemci, -ani-namci, -oni-nomci**, qui signifient *l'un l'autre*, etc., selon le genre ou le nombre à représenter; et la réciprocité passée, à l'aide des mêmes affixes doubles, suivis de l'affixe auxiliaire **-vê**, ainsi : **-en-nem-vê**, etc.

9. La négation est représentée après chaque temps du verbe par l'affixe **-nô**, qui veut dire : *ne pas*.

10. L'interrogation, par l'affixe **-ly**? (prononcez *lou*), qui représente les mots *est-ce que*.

11. La dénégation suivie d'interrogation, par la double affixe **-nô-ly**? qui signifie *n'est-ce pas*.

12. La fréquence d'action, par l'affixe **-sô** (sæpè), qui veut dire *souvent*.

13. La réitération, par l'affixe **-rô** (rursùm), qui signifie *de nouveau*.

14. La restriction ou limitation de l'acte, par l'affixe **-tô** (tantummodo), qui veut dire *seulement*.

15. Enfin, l'*unipersonnalité* ou l'*impersonnalité* est représentée par la formule du temps voulu, sans aucun pronom ni substantif qui s'y rapporte directement. Ainsi *plyéra* (pluit), il pleut.

REMARQUE.

* Il va sans dire que les sept dernières modifications admettent toutes aussi l'affixe **-vè** pour dernière syllabe, chaque fois qu'il s'agit d'y représenter l'action comme passée.

Chacun des dix temps du verbe n'a qu'une seule désinence invariable, laquelle est commune aux trois personnes dans les deux nombres.

Formation des temps.

Les dix temps du verbe en Pantosdimouglossa sont :

1. L'*infinitif*, dont les terminaisons sont au nombre de trois, selon l'étymologie : **ár, ér, ír**.

2. Le *gérondif*, dont la terminaison invariable est **do**.

3. L'*indicatif*, dont la terminaison unique pour toutes les personnes est **a**.

4. L'*imparfait*, dont la terminaison unique pour toutes les personnes est **e**.

5. Le *prétérit défini*, dont l'unique terminaison pour toutes les personnes est **i**.

6. Le *futur*, dont l'unique terminaison pour toutes les personnes est **o**.

7. Le *conditionnel*, dont l'unique terminaison pour toutes les personnes est **iy**.

8. Le *subjonctif présent*, dont l'unique terminaison pour toutes les personnes est **y** (*ou*).

9. L'*imparfait du subjonctif*, dont l'unique terminaison pour toutes les personnes est **œ** (*eu*).

10. L'*impératif*, qui s'obtient, comme l'*infinitif présent*, en le faisant

suivre des formes du pronom personnel **e, te, lhe; eci, teci, lheci; a, ta, lha; aci, taci, lhaci; lho, lhoci.**

N. B. Les temps composés correspondants se font de ces mêmes temps simples, en y ajoutant les affixes modificatifs **-vè**, **-sè**, etc.

MODÈLE UNIQUE DE LA CONJUGAISON.
(IL DOIT SERVIR POUR TOUS LES VERBES, SANS EXCEPTION.)

1. Infinitif.

1. am-ár,	*aimer.*
2. comed-ér,	*manger.*
3. dorm-ír,	*dormir.*

2. Gérondif.

1. amár-do,	*en aimant.*
2. comedér-do,	*en mangeant.*
3. dormír-do,	*en dormant.*

3. Indicatif.

m.	f.	n.		
*e,	a,	»	⎫	*j'aime.*
te,	ta,	»	⎪	*tu aimes.*
lhe,	lha,	lhod**	⎬ amára,	*il aime.*
eci,	aci,	»	⎪	*nous aimons.*
teci,	taci,	»	⎪	*vous aimez.*
lheci,	lhaci,	lhoci	⎭	*ils aiment.*

4. Imparfait.

† ed	⎫	*j'aimais.*
ted	⎪	*tu aimais.*
lhed	⎬ amáre,	*il aimait.*
eci	⎪	*nous aimions.*
teci	⎪	*vous aimiez.*
lheci	⎭	*ils aimaient.*

* En Pantosdîmouglossa, on distingue les sexes masculin et féminin à toutes les personnes ; la troisième personne est la seule qui puisse être aussi du genre neutre.

** Lorsque le pronom rencontre un verbe qui commence par une voyelle, il doit prendre la consonne euphonique *d* ; mais ceci n'a lieu qu'au singulier, vu que les pronoms du pluriel ont deux syllabes.

† Je n'ai pas cru devoir répéter les trois genres à chaque temps ; l'élève suppléera facilement à cette lacune.

LEXICOLOGIE. — CONJUGAISON.

5. Passé défini.

ed		j'aimai.
ted		tu aimas.
lhed	amári,	il aima.
eci		nous aimâmes.
teci		vous aimâtes.
lheci		ils aimèrent.

6. Futur.

ed		j'aimerai.
ted		tu aimeras.
lhed	amáro,	il aimera.
eci		nous aimerons.
teci		vous aimerez.
lheci		ils aimeront.

7. Conditionnel.

ed		j'aimerais.
ted		tu aimerais.
lhed	amáriy	il aimerait.
eci		nous aimerions.
teci		vous aimeriez.
lheci		ils aimeraient.

8. Subjonctif présent.

kyd ed		que j'aime.
ky ted		que tu aimes.
ky lhed	amáry,	qu'il aime.
kyd eci		que nous aimions.
ky teci		que vous aimiez.
ky lheci		qu'ils aiment.

9. Subjonctif imparfait.

kyd ed		que j'aimasse.
ky ted		que tu aimasses.
ky lhed	amárœ	qu'il aimât.
kyd eci		que nous aimassions.
ky teci		que vous aimassiez.
ky lheci		qu'ils aimassent.

10. Impératif.

	e,	que j'aime (let me love).
	te,	aime.
amár-	lhe,	qu'il aime (let him love).
	eci,	aimons (let us love).
	teci,	aimez.
	lheci,	qu'ils aiment (let them love).

REMARQUES.

En ajoutant simplement un des affixes -vê, -sê, etc., que j'ai déjà donnés (Voir Tableau des modifications du verbe, pag. 25), on obtiendra non-seulement les formes passées ou passives des dix temps qui précèdent, mais encore toutes les modifications désirées de la conjugaison française ainsi que des autres langues.

Il est expressément recommandé de n'employer que l'affixe -vê (avoir) pour tous les temps passés des verbes neutres ou réfléchis qui, en français ou en italien, prendraient l'auxiliaire être. Nous suivons, à cet égard, l'analogie des langues anglaise et espagnole.

EXEMPLE.

lhe venfra-vê, | *il est venu,* egli è venuto;
| he has come, el ha venido.

Du Participe.

Le participe est un mot qui joue un double rôle dans la phrase : c'est pour cela que j'en fais une partie distincte du discours. Il représente le verbe, en ce qu'il en marque l'action ou la souffrance, et qu'il en a toutes les attributions ; et il représente l'adjectif, en ce qu'il sert, comme ce dernier, à qualifier un substantif, ce qui lui donne droit aussi à toutes les prérogatives de l'adjectif.

En Pantosdîmouglossa comme dans les langues grecque, latine et russe, le participe, qui est aussi appelé adjectif verbal, est destiné à jouer un rôle très-important dans l'économie du langage : c'est pour cela qu'il est mis ici à part du verbe.

Tout participe se forme de l'infinitif présent, en y ajoutant une des consonnes distinctives **d, t, n** avant la désinence commune à tous les adjectifs : **ez, az, oz; ezi, azi, ozi.**

On distingue trois participes simples, dont l'un représente le *présent*, l'autre le *passé*, et le troisième l'*avenir*. Les deux derniers peuvent se composer avec les affixes auxiliaires -vê, -sê, ou se parer de toutes les autres modifications particulières soit au *verbe*, soit à l'*adjectif*. (Voy. p. 9, etc., et p. 25.)

Le Participe présent.

* amárdez, az, oz; ezi, azi, ozi, | *aimant, e;* amans.
| *qui aime;* qui amat.

* Le participe présent n'admet jamais les affixes -vê ou -sê. On ne donne ces affixes qu'au gérondif.

Le Participe passé.

Le participe passé, de même que le participe présent, ne peut guère être employé que comme un adjectif verbal, puisque l'infinitif du verbe, suivi de l'affixe **-vé** ou **-sé**, représente l'action passée purement et simplement, comme le fait le participe passé du verbe français.

amártez, az, oz; ezi, azi, ozi, { *aimé-ée; és-ées.*
amatus, a, um; i, æ, a.
qui est ou *qui a été aimé.*

Le Participe futur ou éventuel.

Ce participe ou adjectif verbal a la faculté de représenter l'avenir, c'est-à-dire une action qui se fera ou aura dû être faite à une époque à venir.

amárnez, az, oz; ezi, azi, ozi, { *devant aimer.*
qui aimera, qui doit aimer.
amaturus, ra, rum, etc.

Éventuel actif antérieur.

amárnez-vé, amarnaz-vé, etc. { *qui a dû aimer.*
qui fuit amaturus.

Éventuel passif.

amárnez-sé, etc. { *qui doit être aimé.*
qui sera aimé.
qui est à aimer.
amandus, a, um.
qui amandus est, etc.

Éventuel passif antérieur.

amárnez-sé-vé, etc., { *qui a dû être aimé.*
qui amandus fuit.

De la Préposition.

La préposition est un mot indéclinable et invariablement terminé en **i**.
Les trois prépositions de la déclinaison : **di, zi, fi**, *de, à, de* (of, to, from), s'incorporent, sans signe d'élision, avec les articles définitif, indéfinitif et partitif. Toutes les autres prépositions monosyllabiques reçoivent la consonne euphonique **d**, lorsqu'elles sont suivies d'un mot qui commence par une voyelle; autrement, elles se placent tout simplement devant ce mot, s'il a une consonne pour initiale.

LEXICOLOGIE. — PRÉPOSITIONS.

Il y a des prépositions simples et des prépositions composées de plusieurs mots : celles-ci sont nommées locutions prépositives.

TABLEAU DES PRINCIPALES PRÉPOSITIONS OU LOCUTIONS PRÉPOSITIVES.

zi, zid,	A.	ji komparatozi,	en comparaison de.
zi tytò di,	à l'abri de.	ji citri,	en deçà de.
zinfinò di,	au bas de.	yltri,	en delà de.
zi sypri di,	au bout de.	ji malgradi,	en dépit de.
obi,	à cause de.	jid yltri di,	en outre de.
propi,	à côté de.	ji transi di,	en travers de.
zi koprò di,	à couvert de.	interi,	entre.
citri,	au delà de.	versi,	envers.
erghi,	à l'égard de.	circitri,	environ.
pivi,	à force de.	ji cospeto di,	en vue de.
zi skonozò di,	à l'insu de.	preteri,	excepté.
lokdi,	au lieu de.	falto di,	Faute de.
ji medio di,	au milieu de.	preteri,	Hormis.
zi mnò di,	à moins de.	eksi,	hors de.
posti,	après.	yski,	Jusqu'à.
peri,	auprès de.	lonji,	Loin de.
propi,	attenant de.	inviti,	Malgré.
circitri,	autour de.	mni,	moins.
transi,	à travers.	nonostanti,	Nonobstant.
zol transi di,	au travers de.	yltri,	Outre.
anti,	avant.	zid yltri,	en outre.
ki,	avec.	pi,	Par.
opti,	Chez.	pi sypri,	par-dessus.
contri,	contre.	interi,	parmi.
spectanti,	concernant.	peri,	pendant.
consideranti,	considérant.	pò di,	plus de.
ji,	Dans.	propi,	près.
di,	de (génitif).	»	près de.
fi,	de (ablatif).	pri,	pour.
zicitri,	en deçà de.	propi,	proche de.
yltri,	en delà de.	asti,	Quant à.
fri,	de la part de.	sini,	Sans.
ekseki ki,	de pair avec.	skondi,	selon.
eksi,	depuis.	sybi,	sous.
posti	derrière.	kypri,	seulement pour.
abi,	dès.	skondi,	suivant.
sypri,	dessus.	sypri,	sur.
dyranti,	durant.	versi,	Vers.
ji,	En.	obi,	vis-à-vis de.
jid imi,	en bas de.	vidertozi,	vu.

De l'Adverbe.

L'adverbe est un mot indéclinable : sa terminaison est invariablement en **ò**. Placé devant un mot qui a une voyelle pour initiale, l'adverbe monosyllabique prend la consonne euphonique **d**.

Il y a des adverbes simples et des adverbes composés : ces derniers sont nommés locutions adverbiales.

TABLEAU DES ADVERBES SIMPLES ET DES LOCUTIONS ADVERBIALES.

aliò,	*Ailleurs.*	kantò,	*combien* (temps).
facilitozò,	*aisément.*	»	» (distance).
amikozò,	*amicalement.*	»	» (nombre).
itò,	*ainsi.*	kantò pokò,	*combien peu* (quant.).
amaretozò,	*amoureusement.*	»	*combien peu* (nomb.).
priò,	*antérieurement.*	komodò,	*comment.*
tynkò,	*alors.*	komynitozò,	*communément.*
retrò,	*arrière.*	jimomentò,	*Dans un instant.*
jiretrò,	*en arrière.*	»	*dans un moment.*
satizò,	*assez.*	ditomeliò,	*d'autant mieux.*
satizò di,	*assez de.*	ditomnò,	*d'autant moins.*
satizò ... pri,	*assez ... pour.*	ditopò,	*d'autant plus.*
certozò,	*assurément.*	jò,	*dedans.*
nylitò,	*aucunement.*	jijò,	*en dedans.*
odiejò,	*aujourd'hui.*	prijò,	*par dedans.*
tò,	*autant.*	eksò,	*dehors.*
tò di,	*autant de.*	jeksò,	*en dehors.*
tò ... ky,	*aussi ... que.*	preksò,	*par dehors.*
tamcitò,	*aussitôt.*	zeksò,	*au dehors.*
tamcitò ky,	*aussitôt que.*	jamò,	*déjà.*
kondamò,	*autrefois.*	krastò,	*demain.*
antò,	*avant.*	yltimozò,	*dernièrement.*
mò,	*Beaucoup.*	abò,	*dès.*
mò di,	*beaucoup de.*	jifytyrò,	*désormais.*
gò,	*bien.*	syprò,	*dessus.*
emò di,	*bien du, de la, des.*	zisyprò,	*au dessus.*
gò,	*bien* (superl. abs.).	jisyprò,	*en dessus.*
moksò,	*bientôt.*	disyprò,	*de dessus.*
imò,	*bien plus.*	prisyprò,	*par dessus.*
empranò,	*de bonne heure.*	sybò,	*dessous.*
»	*à bonne heure.*	jisybò,	*en dessous.*
bryskozò,	*brusquement.*	zisybò,	*au dessous.*
brytalitozò,	*brutalement.*	disybò,	*de dessous.*
dozoserò,	*Ce soir.*	prisybò,	*par dessous.*
certozò,	*certainement.*	dantò,	*devant.*
pentozò,	*cinquièmement.*	fò,	*En* (d'ici, de là).
kantò,	*combien* (prix).	jantò,	*en avant.*

LEXICOLOGIE. — ADVERBES.

jiretrò,	en arrière.	diytozò,	long-temps.
jijò,	en dedans.	largozò,	largement.
jeksò,	en dehors.	malò,	Mal.
jisyprò,	en dessus.	sedò,	mais.
jisybò,	en dessous.	meliò,	mieux.
jidimozò,	en bas.	infortynatozò,	malheureusement.
jaltozò,	en haut.	orò,	maintenant.
tandemò,	enfin.	mizeritatozò,	malencontreusement.
adykò,	encore.	maliciozò,	malicieusement.
adykò sy,	encore si.	mediokritozò,	médiocrement.
jigheneralozò,	en général.	ankò,	même.
deindò,	ensuite.	paritò,	de même.
jiverò,	en vérité.	paritozò,	mêmement.
ekidemò,	en effet.	simylitozò,	en même temps.
jidyltrò,	en outre.	jimeliò,	du mieux.
gò,	Fort (superl. abs.).	lomeliò,	le mieux.
strenyozò,	fortement.	zimeliò,	au mieux.
finalozò,	finalement.	primeliò,	pour le mieux.
gheneralozò,	Généralement.	mnò,	moins.
ghenerozozò,	généreusement.	zimnò,	au moins.
grandozò,	grandement.	mnò ... ky,	moins ... que.
œkaritozò,	gracieusement.	mnò di,	moins de.
gravozò,	gravement.	lomnò,	le moins.
garò,	guère.	primnò,	pour le moins.
inyrbanò,	grossièrement.	zimnò di,	à moins de.
animitozò,	Hardiment.	zimnò ky,	à moins que.
altozò,	hautement.	simplicitozò,	
esterò,	hier.	kandidozò,	} Naïvement.
oktozò,	huitièmement.	nyprozò,	naguère.
eroikozò,	héroïquement.	solò,	ne ... que.
ymilitozò,	humblement.	neglektozò,	négligemment.
eksò,	hors, dehors.	nonozò,	neuvièmement.
ò,	Ici.	nò,	non.
dò,	d'ici (en).	nylitozò,	nullement.
indebitozò,	indûment.	nilominozò,	néanmoins.
indybilitabilitozò,	indubitablement.	kò,	Où.
injystozò,	injustement.	dikò,	d'où.
inytilitozò,	inutilement.	prikò,	par où.
inkyratozò,	insouciamment.	itò,	oui.
iminentozò,	imminemment.	itokidò,	oui-dà.
nynkò,	Jamais.	apertozò,	ouvertement.
yski doz tempò,	jusqu'à présent.	insyltozò,	outrageusement.
yski doz diò,	jusqu'à ce jour.	kiò,	Parce que.
yskò,	jusqu'à ce que.	prijò,	par dedans.
yski doz momentò,	jusqu'à ce moment.	prideksò,	par dehors.
jystò,	juste.	prisyprò,	par dessus.
jystozò,	justement.	prisybò,	par dessous.
jò,	Là.	pridaltozò,	par en haut.
jimò,	là-bas.	prisybozò,	par en bas.
josyprò,	là-haut.	priretrò,	par derrière.
lonjò,	loin.	pridantò,	par devant.
lonjò di,	loin de.	prijò,	par là.
longozò,	longuement.	prijosybò,	par là-bas.

prikò,	par où.	dyrozò,	rudement.
uò,	pas, point.	acerbozò,	»
satizò-nò,	pas assez.	rijidozò,	roidement.
satizò-nò ... pri,	pas assez ... pour.	sapientozò,	Sagement.
no-tò,	pas autant.	sanitozò,	sainement.
noditotò,	pas du tout.	santozò,	saintement.
nojasò,	pas aussi.	interminatozò,	sans cesse.
nojasò,	pas si.	koñitozò,	savamment.
perikò,	pendant que.	certitozò,	sciemment.
pokò,	peu.	sientifikozò,	scientifiquement.
pokò di,	peu de (sing.).	solò,	seulement.
»	peu de (plur.).	sensibilitozò,	sensiblement.
circitozò,	peu ou prou.	sybimnò,	sous peu.
fortasò,	peut-être.	sybipodnikò,	sous peu de jours.
fortasò ky,	peut-être que.	fleksitozò,	souplement.
malò-pô,	pis.	spò,	souvent.
malò-gô,	le pis.	soprityto,	surtout.
zimalò-gô,	au pis aller.	sekyritozò,	sûrement.
pò,	plus.	tò,	Tant.
civilitozò,	poliment.	totitozò,	tant de fois.
politikozò,	politiquement.	tò di,	tant de (sing.).
kyrò,	pourquoi.	»	tant de (plur.).
prikotò doz,	pourquoi cela.	tomeliò,	tant mieux.
prikozraziono,	pour quelle raison.	tomalozgò,	tant pis.
prikozmotò,	pour quel motif.	tosemnogò,	tant soit peu.
prikyndò,	pour quand.	totalitozò,	totalement.
prikantò,	pour combien.	semprò,	toujours.
prezentozò,	présentement.	semprò ky,	toutes les fois que.
prezentò,	à présent.	instantitò,	tout à l'heure.
sepitozò,	plusieurs fois.	totò,	tout (adv.)
onozò,	premièrement.	gò,	très (sup. abs.).
kasò,	presque.	nimiò,	trop.
onozitozò,	primitivement.	nimipò,	trop peu.
principalozò,	principalement.	nimimò,	trop bas, etc.
aptozò,	proprement.	ynanimozò,	Unanimement.
elegantozò,	»	ynikozò,	uniquement.
probabilitozò,	probablement.	yniformitozò,	uniformément.
prodighiozitozò,	prodigieusement.	yniversozò,	universellement.
poiò,	puis.	ynizitozò,	uniment.
potentitozò,	puissamment.	veritatozò,	Véridiquement.
kyndò,	Quand.	veritozò,	véritablement.
kyndò-ly,	quand est-ce que.	viciozitozò,	vicieusement.
tetrozò,	quatrièmement.	vizibilitozò,	visiblement.
solò,	que (seulement).	libentozò,	volontiers.
alikozò,	quelquefois.	volontitozò,	volontairement.
rarozò,	Rarement.	veritatozò,	vraiment.
rezolytozò,	résolument.	verisimilitozò,	vraisemblablement.
ridikylitozò,	ridiculement.	doz-serò,	voici.
nilò,	rien.	stoz-serò,	voilà.
nilitotò,	rien du tout.	ò,	Y (ici).
firmitozò,	rondement.	jò,	y (là).

De la Conjonction.

La conjonction est un mot invariable dont la terminaison est toujours en **y**, et en **yd** si elle est monosyllabique et placée devant un mot qui commence par une voyelle.

Il y a des conjonctions simples et des conjonctions composées : celles-ci se nomment locutions conjonctives.

TABLEAU DES CONJONCTIONS SIMPLES ET DES LOCUTIONS CONJONCTIVES.

yty,	*Afin de.*	preteriky,	*Hormis.*
ytyky,	*afin que.*	jystozoky,	*Juste au moment où.*
ityky,	*ainsi que.*	josypry,	*Là-dessus.*
daliy,	*d'ailleurs.*	sedy,	*Mais.*
postiky,	*après que.*	ny, nyd,	*Ni.*
zimnoky,	*à moins que.*	ny ... ny,	*ni ... ni.*
zisaperejy,	*à savoir si.*	nomny,	*néanmoins.*
spektartoky,	*attendu que.*	vely,	*Ou.*
jasy,	*aussi.*	vely ... vely,	*ou ... ou.*
jasobonoky,	*aussi bien que.*	vevely,	*ou bien.*
jasocitoky,	*aussitôt que.*	atky,	*or.*
toky,	*autant que.*	kipy,	*Parce que.*
ditoky,	*d'autant que.*	doneky,	*pendant que.*
alitery,	*autrement.*	fermy, fery,	*presque.*
antiky,	*avant que.*	kiy,	*pourquoi.*
jispektardoky,	*en attendant que.*	provizoky,	*pourvu que.*
kanvy,	*Bien que.*	ankojy,	*Quand même.*
kipy,	*Car.*	ankozy,	*quant à.*
sikyty,	*comme.*	ky,	*que* (afin que).
ergy,	*Donc.*	»	*que* (compar.).
dipy,	*de plus.*	koposery,	*qui plus est.*
nyky,	*de peur que.*	anky,	*quoique.*
eskoky,	*depuis que.*	ezyaty,	*Sauf.*
dikly,	*de quoi.*	silcity,	*savoir.*
ditopy,	*d'autant plus.*	ytry,	*à savoir si.*
ditomny,	*d'autant moins.*	ejy,	*si* (conditionnel).
dimedioky,	*de sorte que.*	ejazy,	*si* (dubitatif).
jispektardoky.	*En attendant que.*	jazybonoky,	*si bien que.*
jitoky,	*en tant que.*	sivy,	*soit.*
jyltroky,	*en outre.*	sivy ... sivy,	*soit ... soit.*
jomnozkazy,	*en tout cas.*	sivyky ... vely,	*soit que ..., ou.*
y, yd,	*et.*	doneky,	*Tandis que.*
ly, lyd,	*est-ce que.*	toky,	*tant que.*
ezyaty,	*excepté.*	vidertozoky,	*Vu que.*

LEXICOLOGIE. — INTERJECTIONS.

REMARQUE ESSENTIELLE.

Les prépositions, les adverbes et les conjonctions simples, toutes les fois qu'ils sont monosyllabiques et immédiatement suivis d'un mot qui commence par une voyelle, admettent la consonne euphonique **d** qui sert à éviter un *hiatus*.

De l'Interjection.

L'interjection est un mot uniformément terminé en **œ** ou **œd** (prononcez cette voyelle *eu*).

Il y a des interjections simples et des interjections composées : ces dernières se nomment éjaculations, locutions interjectionnelles ou éjaculatoires.

TABLEAU DES PRINCIPALES INTERJECTIONS OU LOCUTIONS ÉJACULATOIRES.

œ!	*Ah!*	fergœ!	*fi donc!*
itœ!	*ahi! aïe!*	gô-rectœ!	*fort bien!*
maktœ!	*allons! allons donc!*	gdœ!	*Gare!*
sistœ!	*arrête! arrêtez!*	gdolœ!	*garde* { *à toi!* / *à vous!* }
animœ!	*ayez du courage!*	gdotezœ!	
bœ!	*Bah!*	œ!	*Ha!*
rektovenitœ!	*bien venu!*	œ-nœ!	*ha! ha!*
bonœ!	*bon.*	olœ!	*hé!*
salvatœ!	*bon Dieu!*	iœ!	*hélas!*
bonosperatœ!	*bon espoir!*	dinœ!	*hei!*
bravœ!	*bravo!*	tozœ!	*hoé!*
dyœ!	*bis!*	tolœ!	*ho! holà!*
sœ!	*Çà!*	jœ! jœ! jœ!	*hi! hi! hi!*
stœ!	*chut!*	jystocelœ!	*Juste ciel!*
comodœ!	*comment!*	lœ!	*Là!*
comodostozœ!	*comment pouvez-vous dire cela!*	krekœ!	*Morbleu!*
		mizerikordœ!	*miséricorde!*
mirifisœ!	*c'est étonnant!*	rabnœ!	*Nargue!*
korblœ!	*corbleu!*	averlynotedœ!	*n'avez-vous pas honte!*
animœ!	*courage!*		
dylkozœ!	*Doucement!*	mœ!	*O!*
diktœ! dicitœ!	*dis donc! dites donc!*	nœ!	*oh!*
		skœ!	*ouf!*
sentitœ!	*Écoutez!*	nœ! nœ!	*oh! oh!*
sebnœ!	*eh bien!*	zitœ!	*ouais!*
sœb!	*eh! eh!*	pakœ!	*Paix! tout beau!*
fœ!	*fi!*	nopocibilitozœ!	*pas possible!*

ytinœ!	plût à Dieu que!	tenitœ!	tiens! tenez!
fœ!	pouah!	vivœ!	Vivat!
prodijœ!	prodige!	verœ!	vraiment!
salvœ!	Salut!	videtœ!	voyez!
tacitœ!	silence!	stormœ!	ventrebleu!
tacitœ!	Taisez-vous!	zœ!	zest!
pianœ!	tout beau!		

IIe PARTIE.

SYNTAXE.

La Pantosdimouglossa est assise sur un système tellement simple, qu'il devient presque inutile de la soumettre à des règles plus ou moins abstraites d'une syntaxe scientifiquement élaborée.

Toutefois, vu les difficultés que chaque peuple, de son côté, pourra rencontrer pour faire passer les tournures de phrase de son propre idiôme dans celui de la langue commune, je vais donner sur chaque partie du discours quelques directions certaines, par le moyen desquelles la Pantosdimouglossa pourra devenir aisément l'organe de la pensée générale.

Syntaxe des Articles.

Article définitif.

RÈGLE 1. — Tout nom commun, soit abstrait ou concret, lorsqu'il est suivi de quelques mots qui en déterminent le sens, par exemple lorsqu'il est suivi de la préposition *de,* d'un pronom relatif et d'un verbe, alors même que ces deux derniers mots seraient sous-entendus par ellipse, doit être précédé de l'article définitif.

EXEMPLES.

Ol tekto did emoz domo,	*Le toit de ma maison.*
El infante ke lhoz sapéra lekciono,	*L'enfant qui sait sa leçon.*
Ol nemico pid emozi superártoz soldateci,	*L'ennemi battu par nos soldats.*

RÈGLE 2. — Tout nom commun, soit abstrait ou concret, lorsqu'il est pris dans toute l'étendue de sa signification, rejette l'article définitif, et s'emploie comme en latin ou en anglais.

EXEMPLES.

Séra vino yd ako zi vito necesarozi,	Le vin et l'eau sont nécessaires à la vie.
Omeci debériy pratikár virtyto y vicio vitár,	Les hommes devraient pratiquer la vertu et fuir le vice.
Rarozi séra zid inverno floroci,	Les fleurs sont rares en hiver.

RÈGLE 3. — Tous les noms propres, de quelque nature qu'ils soient, tant au singulier qu'au pluriel, rejettent l'article définitif.

EXEMPLES.

Parizo séra ol di Franko capitalo,	Paris est la capitale de la France.
Mentore di Telemake, el did Ylise filhe, sére preceptore,	Mentor était le précepteur de Télémaque, fils d'Ulysse.
Pirenoci séra montoci koci fi Spano Franko separára,	Les Pyrénées sont des montagnes qui séparent la France de l'Espagne.

Article indéfinitif.

RÈGLE 4. — Tout substantif commun, servant à énoncer d'une manière vague et générale tant au singulier qu'au pluriel, doit être précédé de l'article indéfinitif que l'on doit se garder de confondre avec le nombre cardinal *un, une,* **ono**.

EXEMPLES.

On eko séra on kadrypedo,	Un cheval est un quadrupède.
Oni frytoci y legyminoci totozò componéred emoz cibo,	Des fruits et des légumes composaient toute ma nourriture.

Article partitif.

RÈGLE 5. — Tout substantif commun servant à énoncer la portion d'un entier au singulier ou la fraction d'un nombre au pluriel, lorsque cette portion ou fraction est relativement petite, c'est-à-dire lorsqu'on pourrait la déterminer au moyen des mots *un peu de* ou *quelques,* doit être précédé de l'article partitif. Cet article n'est autre chose que le génitif de l'article définitif. En ceci, la Pantosdimouglossa imite le français et même le russe. (Dans cette dernière langue, le génitif représente l'accusatif ayant un sens partitif, car il n'y a point d'article en russe.)

EXEMPLES.

Zid emci dár-te dol pano,	Donnez-nous du pain.
Te comprára-vê-ly deli oveci?	Avez-vous acheté des moutons?
E dol bonoz vino bibéra-vê.	J'ai bu de bon vin.

OBSERVATION ESSENTIELLE.

A l'exception des trois prépositions déclinatives **di**, **zi**, **fi**, qui toujours s'amalgament avec le nominatif des articles pour former le génitif, le datif et l'ablatif, toutes les autres prépositions veulent l'article à l'accusatif ; mais, dans ce cas-là, elles en sont toujours séparées.

Syntaxe du Substantif.

En traitant de l'article, j'ai résolu la question du substantif. Il suffira donc d'une règle fort simple pour compléter la syntaxe de cette partie du discours.

Règle 6. — Le substantif ne pouvant être que le sujet ou le régime d'un verbe, on peut indifféremment le placer avant ou après ce verbe. L'inversion, en Pantosdimouglossa, contribue pour beaucoup à l'harmonie de la phrase, sans pouvoir en aucun cas en rendre le sens obscur.

EXEMPLES.

Oli preciozozi-gô metaloci oro séra yd argento,	*L'or et l'argent sont les métaux les plus précieux.*
Celo, tero yd elementoci Dee creára-vê,	*Dieu a créé le ciel, la terre et les éléments.*
On planeto tero séra,	*La terre est une planète.*

Règle 7. — Tout substantif représentant la personne ou l'animal, lorsqu'il n'en détermine point le sexe, doit prendre la terminaison commune ou collective **o** ou **oci**. Dans ce cas-là, on n'emploie point l'article définitif.

EXEMPLES.

Omo zi lhoz imajino Dee creára-vê,	*Dieu créa l'homme à son image.*
Indystriozozi séra formiko yd apo,	*La fourmi et l'abeille sont industrieuses.*

Syntaxe de l'Adjectif.

La syntaxe de l'adjectif consiste également en une seule règle fort simple.

Règle 8. — Chaque fois qu'un adjectif prête au substantif une qualité positive, naturelle, inhérente, incontestable, permanente, invariable, c'est-à-dire qu'il est employé dans le sens propre, il faut le placer après le substantif.

Au contraire, toutes les fois qu'il lui communique une qualité douteuse, contestable, passagère, mobile ou prise dans le sens figuré, on doit le mettre avant le substantif : on s'écarte souvent de cette règle par euphonie.

EXEMPLES.

On ortod olitoroz,	*Un jardin potager.*
An principa forasteraz,	*Une princesse étrangère.*
Nom libro novoz ed avéra,	*J'ai un livre neuf.*
On pylkroz orto,	*Un beau jardin.*
En ghenerozez principe,	*Un prince généreux.*
E nom doktoz libro legéra-vê,	*J'ai lu un livre savant.*

Syntaxe de la Numération.

RÈGLE 9. — De même qu'en langue italienne, les nombres cardinaux en Pantosdîmouglossa se placent indifféremment avant ou après le nom de l'objet que l'on veut compter.

EXEMPLES.

E crastò ekato frankoci recipéro,	*Demain je recevrai cent francs.*
Taz fratela conejeci-tô avéra dyo,	*Ta sœur a deux jolis petits lapins.*
Avére-nô emez padre infanteci epto,	*Mon père n'avait pas sept enfants.*
Avéra-nô-ly bovo dyo kornoci?	*Le bœuf n'a-t-il point deux cornes?*
Avériy-ly stoz ambylakro eksekato-ventekokto alberoci?	*Cette allée aurait-elle six cent vingt-huit arbres?*

RÈGLE 10. — Les nombres ordinaux se placent avant le substantif, lorsqu'ils servent à attribuer à ce dernier une distinction morale qui peut être révoquée en doute ou contestée. Au contraire, ils se placent toujours après, lorsqu'ils servent tout uniment à en déterminer l'ordre ou la situation.

EXEMPLES.

Aleksandre, Cezare y Napoleone onez onezi jid istorio séra belatoreci,	*Alexandre, César et Napoléon Ier sont les premiers guerriers de l'histoire.*
Adame yd Eva el ome onez yd al oma onaz séri,	*Adam et Eve furent le premier homme et la première femme.*
Faramonde séri el rege onez di Franko,	*Pharamond fut le premier roi de France.*

Syntaxe des Pronoms.

Du Pronom personnel.

RÈGLE 11. — Les pronoms personnels, soit qu'on les emploie comme sujets ou comme régimes, se placent également avant ou après les verbes avec lesquels ils sont en rapport.

EXEMPLES.

E di stoz parlára-vê-nô,	Je n'ai pas parlé de cela.
Lhe lom verito dicére-ly?	Disait-il la vérité?
Zid em nilo dicéra te,	Vous ne me dites rien.
Em teci vidéra-nô-ly?	Ne me voyez-vous pas?
Lheci lha riconocéri-nô frateleci,	Elle ne reconnut pas ses frères.

RÈGLE 12. — En Pantosdimouglossa, comme en latin, à moins qu'on n'adresse la parole à plusieurs personnes, on emploie toujours et avec tout le monde les formes *tu, toi* et *te* au lieu de *vous*.

EXEMPLES.

E tem salytára, domine,	Monsieur, je vous salue.
Ed amára tem, amike,	Je vous aime, mon ami.
Eci salytára tami, dominaci,	Nous vous saluons, mesdames.
A taci mòd estimára, amikaci,	Mes amies, je vous estime beaucoup.
Te faléra-nô-dzem, Petre,	Pierre, vous ne vous trompez pas.
Em ydír-teci, nateci-tô,	Mes chers enfants, écoutez-moi.

RÈGLE 13. — Les formes pronominales personnelles réfléchies **-dzem**, **-dzam**, etc., doivent toujours être réunies au verbe réfléchi par un trait d'union.

Observez que les expressions **-dzem, -dzam, -dzom** veulent, chacune d'elles, dire *me, te, se;* et que **-dzemci, -dzamci, -dzomci** veulent aussi, chacune d'elles, dire *nous, vous, se*.

Ces diverses formules peuvent aussi se placer avant les verbes dans les temps passés. Alors elles en sont séparées.

EXEMPLES.

Peniléro-dzem tez amike,	Votre ami se repentira.
Alzare-dzem en akile yski lomi nyboci,	Un aigle s'élevait jusqu'aux nues.
E vidéra-nô-dzem ji doz ako tyrbidoz,	Je ne me vois pas dans cette eau trouble.
Dzam vylneráre-vê fratela emaz ki kyltro-dô, volérdo talhár dol pano,	Ma sœur s'était blessée avec un vilain couteau, en voulant couper du pain.

RÈGLE 14. — Les formes pronominales *on*, *en* et *y* se rendent par les formes ordinaires du pronom personnel, selon le sens intime de la phrase : alors on met la préposition du génitif, **di**, ou de l'ablatif, **fi** pour *en*, et la préposition du datif, **zi** pour *y*.

EXEMPLES.

Tem eci conocéra-nô,	*On ne vous connaîtra pas.*
Lha dimitéro-sê,	*On la renverra.*
Ejy tez infante séra lhe, zid emci parlár-te di lhem,	*Si c'est votre enfant, parlez-nous-en.*
Zi lho atentezi teci séro, ejy teci zi lho pensáro,	*Vous y ferez attention, si vous y pensez.*

Du Pronom possessif.

Les pronoms possessifs n'ont qu'une forme en Pantosdimouglossa : ainsi, **emez** signifie également *mon*, *le mien*, *notre* et *le nôtre*; **tez**, *ton*, *le tien*, etc.

RÈGLE 15. — Le pronom possessif se place indifféremment avant ou après le substantif auquel il a rapport, soit qu'il exprime *mon*, *le mien* ou *à moi*; *notre*, *le nôtre* ou *à nous*, etc.

EXEMPLES.

Emoz orto séra grandoz,	*Mon jardin est grand.*
Zi lhoz libro el infante legéra,	*L'enfant lit dans son livre.*
Eci emoz domo vendéro,	*Nous vendrons notre maison.*
Doz emoz orto séra,	*Ce jardin est le nôtre.*
Stoz plymo emoz séra-nô,	*Cette plume-là n'est pas à moi.*
Lhoz vely toz séra-ly doz avo?	*Cet oiseau est-il à lui ou à vous?*

N. B. Dans aucun cas, on ne doit mettre l'article définitif devant les pronoms possessifs.

Du Pronom relatif.

RÈGLE 16. — Les pronoms relatifs s'emploient comme en français ; cependant, des inversions ont quelquefois lieu comme en latin.

L'expression *dont*, suivie de *le*, *la*, *les* se traduit toujours par *de qui*, ou *duquel*, *de laquelle*, *desquels*, *desquelles*, etc.

EXEMPLES.

Oli alberoci koci prodycéra-nô frytoci,	*Les arbres qui ne portent point de fruit.*
Kocimi eci coligéra-vê frytoci,	*Les fruits que nous avons cueillis.*
Oli rejionoci di kocimi te zid em parlára,	*Les pays dont vous me parlez.*
Eli scolareci zi kocimi dáro-sê premioci,	*Les écoliers à qui on donnera des prix.*

Du Pronom interrogatif.

RÈGLE 17. — Le pronom interrogatif se place toujours avant le substantif auquel il a rapport.

EXEMPLES.

Ke-ly emoz kapelo prendéra-vê?	Qui a pris mon chapeau?
Ko-ly te jò vidéra?	Que voyez-vous là-bas?
Kaz oma séra daz?	Quelle est cette femme?
Kodoz libro te voléra-ly?	Lequel de ces livres voulez-vous?

Du Pronom démonstratif.

RÈGLE 18. — Le pronom démonstratif se place toujours avant le substantif auquel il a rapport; mais il arrive souvent qu'il en est élégamment séparé par un pronom relatif.

EXEMPLES.

Emoz séra doz domo,	Cette maison est à moi.
Stoz kom e vidéra sypri stoz ramo altoz prid em coligér-te,	Cueillez-moi cette pomme que je vois sur cette haute branche.

RÈGLE 19. — Les formes démonstratives *celui*, *celle*, *ceux*, *celles*, toutes les fois qu'elles sont suivies de la préposition *de* ou d'un pronom relatif, doivent être remplacées en Pantosdimouglossa par *l'article définitif*.

EXEMPLES.

El ke similozi amára lhozi semprò caritatez séra,	Celui qui aime ses semblables est toujours charitable.
Lokdi stoz libro, lom zid em dár-te koz sypri doz menso séra,	Au lieu de ce livre-là, donnez-moi celui qui est sur cette table-ci.
Ol did emez nate lho séra,	C'est celui de mon fils.

RÈGLE 20. — La forme pronominale démonstrative *ce* ou *c'*, placée devant un temps du verbe *être*, doit être représentée par la forme de la troisième personne du pronom personnel.

EXEMPLES.

Lho beloz naranjo séra,	C'est une belle orange.
Lhed emez nemike sére-nô,	Ce n'était pas mon ennemi.
Lho perdértoz tempo séro,	Ce sera du temps perdu.
Lheci lhezi nateci sére,	C'étaient leurs enfants.
Lho cavalo séra kadrypedárdoz,	C'est un cheval qui galope.

Des Pronoms indéterminés.

RÈGLE 21. — Les pronoms indéterminés étant pour la plupart de véritables adjectifs, on les applique absolument comme ces derniers. Toutefois, il faut observer que la Pantosdimouglossa étant une langue inversive, il ne peut être donné de règle pour leur assigner une place avant ou après le verbe dont ils sont les sujets ou les régimes.

EXEMPLES.

Ambezi sére vicinoci emezi,	*L'un et l'autre étaient mes voisins.*
E nytrazi conocéra,	*Je ne connais ni l'une ni l'autre.*

Syntaxe du Verbe.

Le Sujet.

RÈGLE 22. — En Pantosdimouglossa, le sujet du verbe se place indifféremment avant ou après ce dernier, vu qu'on ne saurait commettre d'erreur à son égard, tant il est facile de le reconnaître dans la phrase.

En effet, ce n'est point la forme interrogative de la phrase qui pourra jeter la moindre confusion dans l'esprit, puisqu'elle se fait par une formule toute particulière; ce n'est pas non plus la formule des modes de la conjugaison, comme on peut s'en assurer à la page 28.

EXEMPLES.

El famatez di leonoci okcizere, Gérarde, nyperez soldate séra dol ekcersito frankoz zid Afriko,	*Gérard, le fameux tueur de lions, est un ancien soldat de l'armée française en Afrique.*
Facéra-nô captivoci di belo Turkeci yd Arabeci : lbeci lom capito secára zid omnozi koci satizô séra infortynatozi pri zoli manoci lhozi cadér,	*Les Turcs et les Arabes ne font point de prisonniers de guerre : ils coupent la tête à ceux qui ont le malheur de tomber entre leurs mains.*
Did omnozi vicioci séra pigrizo patera,	*La paresse est la mère de tous les vices.*

Le Régime.

RÈGLE 23. — Tout substantif, pronom ou verbe qui est le régime direct ou indirect d'un verbe, peut indifféremment être placé avant ou après ce dernier. Pour cela, on n'a qu'à consulter l'euphonie. Il faut à tout prix éviter un *hiatus* entre deux voyelles semblables.

SYNTAXE. — VERBES.

EXEMPLES.

En patere yd an patera keci amára lhozi natóci lom corigér lhomci timéra-nó, semprò ky stoz lhoci meritára-vè,	Un père et une mère qui aiment leurs enfants ne craignent point de les corriger toutes les fois qu'ils l'ont mérité.
Doz séra kom te zid emez nate litero scrivéra-vè,	Voici la lettre que vous avez écrite à mon fils.
E zi tem dizonesto rimproverára-nó sedy sconsekenzo toz,	Je ne vous reproche pas votre malhonnêteté, mais votre inconséquence.

Du Verbe actif.

RÈGLE 24. — Tout verbe actif veut son régime à l'accusatif. Il n'y a que les articles, les pronoms personnels et les pronoms relatifs qui aient une forme distincte pour l'accusatif. Les autres parties déclinables, telles que les substantifs, les adjectifs, les divers pronoms non compris ci-dessus, et les participes, ne doivent être précédées d'aucune préposition lorsqu'elles sont gouvernées par un verbe actif.

EXEMPLES.

E patere tez spò vidéra-vè, yd e lhem benò-gó conocéra,	J'ai souvent vu votre père, et je le connais très-bien.
Lom pano dár-te zid em, zi tem e lom fryto dáro,	Donnez-moi le pain, je vous donnerai le fruit.
Daz emaz fratela séra, lham ta riconocéra-ly?	Voici ma sœur, la reconnaissez-vous?

Du Verbe neutre.

RÈGLE 25. — Tout verbe neutre veut une préposition avant le complément ou régime indirect qui lui est attribué. Pour le choix de cette préposition, il ne peut y avoir d'autre guide que le Dictionnaire ou l'usage.

EXEMPLES.

Ol nimoz laboro zi sanito nocéra, ol satizoz-nó zi krymeno nocéra,	Le trop de travail nuit à la santé, le pas assez nuit à la bourse.
E ji nom bonoz lekto nynkò dormíra benò, sypri nomi plankoci vely sypri lom gramino e melió dormíra,	Je ne dors jamais bien dans un bon lit, je dors mieux sur des planches ou sur le gazon.
Ejy te zid em pensára-nó, kyrò voléra-ly te ky zi tem e pensáry?	Si vous ne pensez pas à moi, pourquoi voulez-vous que je pense à vous?
Aptid em venfrdo, li lhoz domo lhe removéra-dzem,	En venant chez moi, il s'éloigne de chez lui.

Du Verbe passif.

RÈGLE 26. — Tout verbe passif doit être suivi de la préposition *par*, **pi** ou **pid**, si l'auteur de l'action exprimée par le verbe est un *être animé*.

Il sera suivi de la préposition *avec*, **ki** ou **kid**, si l'instrument ou la cause de l'action exprimée est un *être inanimé*.

Si, dans la phrase, l'auteur, la cause ou l'instrument de l'action exprimée par le verbe passif n'est point nommé, comme cela arrive souvent, alors on traduira tout simplement la préposition qui précède le mot complémentaire par celle qui lui correspond en Pantosdîmouglossa.

EXEMPLES.

Koz nato séra ko pi patera lhaz amárasê-nô?	*Quel est l'enfant qui n'est point aimé de sa mère?*
Ol civito Romodoz pi Romyle fondárisê,	*La ville de Rome fut fondée par Romulus.*
Okcidéra-sê-vê dez lype ki fycilazo,	*Ce loup a été tué d'un coup de fusil.*
Lhem ki nom pylsato nemike lhez syjicéri, y ki manazo lhe deindò lhem okcidéri,	*D'une poussée son ennemi le renversa, et puis il le tua d'un coup de poignard.*
Pid omnozi vidér-sê, y reconocér-sê pi nemozi,	*Être vu de tout le monde, et n'être reconnu de personne.*

Du Verbe réfléchi.

RÈGLE 27. — 1. Tout verbe réfléchi veut après lui la préposition *avec*, **ki** ou **kid**, lorsqu'il est en rapport avec l'infinitif d'un autre verbe.

2. La Pantosdîmouglossa n'admet comme réfléchis que les verbes *actifs*, et encore faut-il que ceux-ci aient pour sujet un être animé capable et libre de faire sur lui-même l'action indiquée ou exprimée. Ainsi, *je me souviens, je me lève, je me dépite*, ne sauraient être autre chose que des verbes neutres ou actifs simples.

3. Souvent un verbe paraît être réfléchi en français, et il n'est autre chose qu'un verbe réciproque; alors les formes pronominales personnelles : *nous, vous, se*, doivent être traduites par l'unique forme pronominale indéfinie **en-nem, an-nam, on-nom; eni-nemi, ani-nami, oni-nomi**, qui signifient *l'un l'autre, l'une l'autre, les uns les autres, les unes les autres*.

EXEMPLES.

Lhe adylára-dzem ki desterito gògrandoz,	*1. Il se flatte d'une très-grande adresse.*
Emoz vicino rimpoverára-dzem ki lom facér-vê zi tem dol malo,	*Mon voisin se reproche de vous avoir fait du tort.*

SYNTAXE. — VERBES.

Te rememorára-nô-ly lom venír-vê apti em zoł ryro?	2. *Ne vous souvenez-vous pas d'être venu chez moi à la campagne?*
E nynkò percipéra-vê ky te kontri em iracére-vê,	*Je ne me suis jamais aperçu que vous fussiez fâché contre moi.*
Espektára nepoteci emezi fortyno emoz eredár, sedy lheci errára,	*Mes neveux s'attendent à hériter de ma fortune, mais ils se trompent.*
Kyndò en-nem dvo frateleci amára, en-nem lheci nynkò verberára,	3. *Quand deux frères s'aiment, ils ne se battent jamais.*
Dáre zid an-nam lom mano Lyiza y Virjinia,	*Louise et Virginie se donnaient la main.*

Du Verbe unipersonnel.

RÈGLE 28. — Le verbe unipersonnel n'admet aucun pronom personnel pour son sujet. Ce sont les mots qui l'accompagnent et qui en dépendent qui lui servent de sujet; ou bien encore, on le fait suivre de la conjonction *que*, **ky**, comme en latin.

EXEMPLES.

Zi doz staciono doł ano, kasò kiskoz dio piovéra,	*Dans cette saison de l'année, il pleut presque tous les jours.*
Peri lom inverno pasártoz, nevára-vê-nô, jelára-vê-nô, ny frigofacéra-vê,	*Pendant l'hiver passé, il n'a neigé, gelé, ni fait froid.*
Kyndò necesito séra oł facér alikoz, sid ezitaciono lom facér oportéra,	*Quand il y a nécessité de faire une chose, il faut la faire sans hésiter.*
Oportériy-vê-ly ky te partíræ?	*Aurait-il fallu que vous partissiez?*
On akcidento akcidéræ-vê.	*Il serait arrivé un accident.*

Du Verbe unipersonnel « Il y a ».

RÈGLE 29. — Le verbe unipersonnel *Il y a* se traduit de trois manières différentes en Pantosdîmouglossa :

1° Lorsqu'il a rapport à un substantif, il se rend par le verbe *être*, **sér**;

2° Lorsqu'il a rapport à la distance, il se traduit par le verbe **distár**, *être distant;*

3° Lorsqu'il a rapport au temps écoulé ou à s'écouler, il faut le traduire par le verbe **temporacér**, *cela fait un espace ou un intervalle de.*

EXEMPLES.

En reje séræ ke volére kyd omnozi séræ fortynatozi sybditoci lhozi,	*Il y avait un roi qui voulait que tous ses sujets fussent heureux.*
Ejy doz sero ventáro krastò pò nevo séro-nô,	*S'il fait vent ce soir, demain il n'y aura plus de neige.*
Séra-ly floroci zid orło toz?	*Y a-t-il des fleurs dans votre jardin?*
Kantò distára Parizo fi Londino?	*Combien y a-t-il de Paris à Londres?*
Distára circitri ekato legoci,	*Il y a environ cent lieues.*
Moksò anoci deko temporacéro kyd e tez patere konocéra,	*Il y aura bientôt dix ans que je connais votre père.*

SYNTAXE. — VERBES.

Verbes employés substantivement.

RÈGLE 30. — Tout verbe, à l'infinitif présent, peut être employé substantivement. Alors il peut servir de sujet ou de régime à un autre verbe. Dans cette capacité, il faut toujours le faire précéder du nominatif ou de l'accusatif de l'article définitif avec la forme neutre au singulier **ol**, **lom**, *le*, *l'*.

Cette tournure, comme en italien, permettra toujours de supprimer la préposition *de* ou *à* devant l'infinitif dépendant d'un premier verbe.

EXEMPLES.

Ol tò parlár em kansára,	*Je me fatigue de tant parler.*
Permitértoz-ly séra ol ò ritenér lom kapelo?	*Est-il permis de garder son chapeau ici?*
Dzo lom ridér zid emci defendéra-vê,	*On nous a défendu de rire.*
Ol parlár vely skribér, ji Pantos-dimouglosso dificiloz séra-nò,	*Il n'est pas difficile de parler ni d'écrire en Pantosdimouglossa.*

Verbe complément d'un substantif.

RÈGLE 31. — Tout verbe, lorsqu'il est le complément d'un substantif qui le précède, se met au gérondif, comme en latin.

EXEMPLES.

Ed avéra lom dezidero lejérdo doz pylkroz libro, sedy lom tempo lhom facérdo ed avéra-nò,	*J'ai le désir de lire ce beau livre, mais je n'ai pas le temps de le faire.*
E lom okaziono stoz paezo vizitárdo avér voléræ,	*Je voudrais avoir l'occasion de visiter ce pays.*

Verbes à compléments modificatifs.

RÈGLE 32. — En français et dans les autres langues aussi, certains verbes, tels que *rendre, faire, vouloir*, etc., se trouvent modifiés par d'autres mots, avec l'aide desquels ils expriment une action ou une pensée que l'on aurait pu rendre plus laconiquement par un verbe simple.

Ce dernier parti est celui que je prends en Pantosdimouglossa. (Voyez le Dictionnaire*, ou les locutions idiomatiques.)

EXEMPLES.

Kyndò te pri tem domifikáro?	*Quand est-ce que vous ferez faire votre maison?*
Vizitára-rô-vè-ly te stazi dominaci?	*Avez-vous rendu visite à ces dames?*
Ko-ly doz iskripciono signifikára?	*Que veut dire cette inscription?*
Ji lom menso decembroz, zid eptod oroci lycidára matytinozi, y noktifikára zi tetro ki medioz oroci vespertinozi,	*Dans le mois de décembre, il fait jour à sept heures du matin, et il fait nuit à quatre heures et demie du soir.*
Ejy solifikáriy krastò eci ji kampoci ambyláriy,	*S'il faisait soleil demain, nous ferions une promenade dans les champs.*

¹ Il n'existe point encore de Dictionnaire pantosdimouglotte; mais l'auteur de cette Grammaire s'occupera de ce travail important, lorsqu'on en aura reconnu la nécessité.

Emploi des temps des verbes.

RÈGLE 33. — La langue française étant tout naturellement celle que je connais le mieux, j'ai cru devoir assigner aux temps des verbes de la Pantosdimouglossa les mêmes valeurs d'application qu'à ceux des verbes français.

Seulement, afin de simplifier le plus possible, car c'est là le principal but de cette langue nouvelle, j'établis que le mode subjonctif ne pourra être employé que lorsqu'il y aura *un doute* ou une *incertitude* à exprimer après la conjonction *que*, mais point dans aucune autre circonstance. C'est ainsi que cela se pratique en anglais.

N. B. Lorsque l'indicatif représente l'avenir, il faut le traduire par le futur; de même, si l'imparfait représentait l'avenir, il faudrait le traduire par le conditionnel.

EXEMPLES.

Ejy te veníro, eci tem meligò recipéro,	*Si vous venez, nous vous recevrons de notre mieux.*
Kyndò eci toz socere vidéro, di tem zi lhem eci parláro,	*Quand nous verrons votre beau-frère, nous lui parlerons de vous.*
Anky te iracéro, tem eci timéra-nô,	*Quoique vous vous fâchiez, nous ne vous craignons pas.*
Provizò ky ted onò venfriy, stoz syficériy,	*Pourvu que vous réussiez une fois, cela suffirait.*

Locutions verbales idiomatiques.

RÈGLE 34. — La Pantosdimouglossa étant une langue fort simple, ennemie par conséquent de toute irrégularité ou complication, traduit les locutions idiomatiques par une expression simple, régulière, logique, qui y corresponde exactement pour le sens.

EXEMPLES.

Koci kaminára zid oskyritato manypalpára,	*Les personnes qui vont dans l'obscurité marchent à tâtons.*
Ecini semprò klarmárdezi entendéri stozi omeci y sokorréri,	*C'est à force de crier que ces gens-là nous entendirent et nous portèrent secours.*
Diskietár-nô-teci ki lom komprendérsê, parlár-teci sid ezitár,	*Ne vous mettez pas en peine d'être compris, parlez sans hésiter.*

Syntaxe du Participe.

RÈGLE 35. — Le participe peut être passé, présent ou éventuel. C'est un mot qui tient à la fois de la nature du verbe et de celle de l'adjectif. Dans l'un et l'autre cas, il suit les règles de l'une ou de l'autre de ces deux parties du discours.

Ainsi, lorsque le participe agit comme verbe, il suit les règles du verbe qu'il représente. Lorsqu'il est employé pour exprimer la qualité plutôt que l'action, alors il prend toutes les désinences de l'adjectif, et veut être suivi des mêmes prépositions que ce dernier. (Voyez la Syntaxe de l'adjectif, p. 41 et 42.)

Le participe est encore assez communément employé à la place du substantif. Dans ce cas, il en a toutes les attributions, sans pour cela perdre celles que lui donne le verbe dont il provient, lesquelles consistent à régir un autre substantif avec ou sans préposition. (Voyez la Syntaxe du verbe, p. 46, etc.)

EXEMPLES.

Kaminárdezi trod omeci sypri nom relorodo kryziára-vê-sê modò pi nom treno panceleritoz,	*Trois hommes marchant sur un chemin de fer viennent d'être écrasés par un convoi à grande vitesse.*
Tomárdez e lom peno di tem askoltár, facér-te pid em entendértez,	*Prenant la peine de vous écouter, faites-vous entendre de moi.*
Eci krastò venírdezi odiejò proficicéro,	*Devant venir demain, ils partiront aujourd'hui.*
Ji lhoz laboro aplikártezi, em stezi omeci nyd introír ny forazír vidéri,	*Appliqués à leur travail, ces hommes ne me virent entrer ni sortir.*

Syntaxe de la Préposition.

RÈGLE 36. — Toute préposition doit être placée immédiatement avant le substantif, l'adjectif, le participe ou le verbe qui lui sert de régime ou de complément.

L'infinitif présent des verbes représente le régime des prépositions, comme en français.

Toutes les prépositions gouvernent l'accusatif.

EXEMPLES.

Dikò te veníre-ly kyndò tem ed inkontrára-vê?	*D'où veniez-vous lorsque je vous ai rencontré?*
E fol kiezo veníre yd apti dzem introíre-rô,	*Je venais de l'église, et je rentrais chez moi.*
Pri kom te laborára-ly jò?	*Pour qui travaillez-vous là?*
E prid emez padrone laborára; ol laborár em kansára,	*Je travaille pour mon patron; je suis las de travailler.*
Ki kom ambylára-vê-ly doz matino?	*Avec qui vous êtes-vous promené ce matin?*
Kid emaz fratela y natoci lhozi,	*Avec ma sœur et ses enfants.*

Syntaxe de l'Adverbe.

RÈGLE 37. — L'adverbe étant un mot invariable et uniformément terminé en **ò**, peut se placer avant ou après le mot avec lequel il est en rapport. On n'a, pour le bien placer, qu'à consulter l'euphonie.

L'adverbe **nò**, dans le mode de conjugaison négative, se met toujours après le verbe auquel il est relié par un trait d'union; alors, il est marqué d'un accent circonflexe (**nô**).

Dans les comparatifs d'inégalité, l'adverbe **nò** se place immédiatement avant l'adjectif.

EXEMPLES.

Onestò séra kondycér-dzom ol ezaktò solvér lhozi debitoci, y dol prejydizo zi nemozi facér,	*C'est se conduire honnêtement que de payer exactement ses dettes, et de ne faire tort à personne.*
Ted emez fratele vidéra-vê-nò, kiòd apti dzem lhe sére-nò,	*Vous n'avez pas vu mon frère, parce qu'il n'y était pas.*
Inglatero séra-nò popylártoz-tô ny estendértoz-tô ky Franko,	*L'Angleterre n'est pas aussi peuplée ni aussi étendue que la France.*

Syntaxe de la Conjonction.

RÈGLE 38. — La conjonction se place toujours avant le mot qu'elle associe ou réunit à d'autres mots; ceux-ci la précèdent essentiellement.

La conjonction *si* sert à désigner une action ou une situation, laquelle est présente et positive, douteuse et incertaine, conditionnelle et éventuelle. Dans chacune de ces trois doubles circonstances différentes, elle veut que le verbe qui exprime ou représente cette action ou cette situation soit mis à un temps différent : à l'indicatif ou à son imparfait, dans le premier cas; au subjonctif ou à son imparfait, dans le deuxième cas; au futur ou au conditionnel, dans le troisième cas.

EXEMPLES.

Ejy marited emez apti dzem sérad a sapéra-nò,	1. *Je ne sais pas si mon mari est chez lui, dit-elle.*
Ejy lhem egrez eci trováriy,	2. *Si nous le trouvions malade.*
Ejy lhed egrez séræ, lhem eci kyráriy,	3. *S'il est malade, nous le soignerons.*
Eci vidériy ejy lhe veritozò patiriy,	*Nous verrions bien s'il se plaignait.*

Syntaxe de l'Interjection.

Règle 39. — L'interjection étant l'expression d'un sentiment vif et spontané de l'âme ou du cœur, la voix de la passion, elle ne doit connaître aucune règle.

Sa place est d'ordinaire au commencement ou à la fin d'une phrase ou d'une période.

EXEMPLES.

Animœ! amikeci; ejy teci zi doz lingo novoz lom aplikár-dzemci kontinyáro, lhom teci moksò parlár sapéro,	Courage! mes amis; si vous continuez de vous appliquer à cette langue nouvelle, vous saurez bientôt la parler.
Nœ! doz séra-nô dificiloz-tô ky teci kredéra,	Oh! ce n'est pas aussi difficile que vous le croyez.

Des Dérivations.

La Pantosdimouglossa, étant une langue fort simple, est par suite extrêmement élastique et féconde dans ses dérivations. Il est vrai qu'elle puise ses mots divers dans le latin et dans les langues néo-latines; toutefois elle ne limite point là ses ressources, surtout elle ne veut connaître aucune de leurs nombreuses entraves ou complications en fait d'étymologie.

Cette langue nouvelle forme des substantifs, des adjectifs, des verbes et des adverbes de la manière suivante :

Règle 40. — 1° De tout *verbe* actif ou neutre, elle forme des *substantifs* d'action ou verbaux, en ajoutant à l'infinitif présent les trois désinences **de**, **da**, **do** pour le singulier, et **deci**, **daci**, **doci** pour le pluriel.

EXEMPLES.

parler — parlár	parlárde parlárda parlárdo	ci,	parleur-s. parleuse-s. bavard-s.
faire — facér	facérde facérda facérdo	ci,	faiseur, facteur-s. faiseuse-s. producteur, cause.

Règle 41. — 2° De tout *substantif* elle peut produire deux sortes d'*adjectifs*, selon qu'on y ajoute les désinences **dez**, **daz**, **doz-i**, ou **pez**, **paz**, **poz-i**.

Les premiers serviront à représenter les rapports de *matière*, de *place*,

DÉRIVATIONS.

de *propriété*, d'*extraction*, d'*origine*, etc.; et les autres, les rapports de *direction*, d'*aptitude*, de *destination*, d'*usage*, de *mouvement*, etc.

EXEMPLES.

1. *marbre* — marmoro { marmorodez / marmorodaz / marmorodoz } i, { de marbre, / ou *en marbre*. / marmoreus, a, um.

2. *vapeur* — vaporo { vaporopez / vaporopaz / vaporopoz } i, { à vapeur. / à la vapeur. / ou *pour la vapeur*.

menso marmorodoz, | table de marbre.
navo vaporopoz, | vaisseau à vapeur.

RÈGLE 42. — 3° Elle obtient des *verbes* de tous ses *substantifs* au moyen des syllabes affixes suivantes que l'on réunit sans trait d'union au substantif dont la désinence **e**, **a**, **o** du singulier a été préalablement changée en **i** :

facér, qui signifie : changer, métamorphoser en, rendre.
fikár, » faire, établir, créer.
zír, » interner, entrer, abriter.
stár, » être, se tenir, se trouver.
fyjír, » fuir, s'éloigner, sortir.

EXEMPLES.

nidifacér, | rendre nid, changer en nid, faire son nid de.
nidifikár, | nicher, faire le nid.
nidizir, | se mettre au nid, se nicher.
nidistár, | rester, se tenir dans un nid.
nidifyjir, | sortir du nid, déménager du nid.

ekifacér, | rendre cheval, faire cheval de, métamorphoser en cheval.
ekifikár, | mettre bas un poulain.
ekizir, | doter quelqu'un d'un cheval, monter un cavalier.
ekistár, | être à cheval, aller à cheval.
ekifyjir, | mettre pied à terre, descendre de cheval.

domifacér, | rendre habitable, meubler, changer en maison.
domifikár, | construire une maison, se loger, se faire bâtir.
domizir, | emmaisonner, loger quelqu'un.
domistár, | être logé, être chez soi, vivre, demeurer.
domifyjir, | sortir de chez soi, n'y être pas, être absent.

RÈGLE 43. — 4° Tout adjectif dans sa forme neutre du singulier devient un adverbe de manière, moyennant que l'on y ajoute la voyelle **ò** avec un accent grave.

EXEMPLES.

bonoz,	bon.	bonozò,	*bonnement, avec bonté.*
grandoz,	grand.	grandozò,	*grandement, avec grandeur.*
certoz,	certain.	certozò,	*certainement, avec certitude.*

Construction grammaticale.

La Pantosdimouglossa est une langue inversive, c'est-à-dire que chaque partie du discours y est si bien définie et rendue tellement distincte des autres parties, qu'on peut les arranger dans l'ordre le plus conforme à l'euphonie sans craindre de jamais rendre la phrase inintelligible ou même obscure.

Cependant, voici quelques règles auxquelles il n'est pas inutile de faire attention :

RÈGLE 44. — L'adjectif, pris dans le sens figuré, se place avant son substantif; pris dans le sens propre, il doit être placé après. — Cette règle n'est point d'une nécessité absolue, car on peut aisément s'en affranchir.

RÈGLE 45. — Le pronom possessif, placé avant le substantif, traduit en général *mon, ma, mes,* etc.; lorsqu'il est placé après, il sert aussi à traduire *le mien* ou *à moi*, etc.

RÈGLE 46. — Le pronom personnel régime se place beaucoup mieux avant qu'après le verbe qui le régit; souvent même il admet certains autres mots entre lui et le verbe.

RÈGLE 47. — Le verbe se place élégamment à la fin des phrases ou de ses diverses périodes.

En un mot, la construction des phrases dépend beaucoup du goût de celui qui parle ou écrit.

Orthographe.

RÈGLE 48. — En Pantosdimouglossa, on vise toujours à simplifier. Par conséquent, il n'y a que la lettre **r** qui soit jamais rencontrée double.

RÈGLE 49. — La consonne **k** remplace à peu près partout la consonne c dur.

Règle 50. — La consonne **s**, qui se prononce partout comme *ç*, remplace souvent la consonne c doux.

Règle 51. — L'accent aigu se place, dans tous les temps du verbe, sur la voyelle qui précède immédiatement la consonne **r** de l'infinitif.

Règle 52. — Sur la voyelle finale de tous les adverbes, il faut placer un accent grave (**ò**). (Voir p. 33.)

Règle 53. — Sur toutes les syllabes affixes, soit des substantifs, des adjectifs ou des verbes qui servent à en marquer l'aspect, le degré ou le mode, il faut placer un accent circonflexe. (Voir pp. 6, 7, 9 et 10.)

Règle 54. — L'euphonie se fait dans tous les mots terminés par une voyelle, lorsqu'on veut éviter un *hiatus* avec la voyelle initiale du mot qui vient après, au moyen de la lettre **d** que l'on ajoute sans trait d'union. On n'est obligé d'employer la lettre euphonique qu'avec les monosyllabes, et après les polysyllabes qui ont pour finale une voyelle semblable à l'initiale du mot qui vient après.

Règle 55. — Il n'y a que les trois prépositions **di**, **zi** et **fi** qui s'incorporent avec les articles; mais, devant les autres mots, elles reçoivent le **d** euphonique si ces derniers commencent par une voyelle.

Prosodie.

Règle 56. — Dans chaque mot, composé de deux ou plusieurs syllabes, il en est toujours une qui doit retentir plus que l'autre ou les autres syllabes du même mot. On la nomme la syllabe forte ou emphatique.

Cette syllabe forte ou emphatique, c'est toujours la dernière quand le mot est terminé par une consonne; c'est, au contraire, l'avant-dernière, lorsque le mot est terminé par une voyelle. La syllabe forte n'a pas besoin d'être accentuée, si ce n'est dans les verbes :

avér,	*avoir.*	ome,	*homme.*
konocér,	*connaître.*	akile,	*aigle.*
parlár,	*parler.*	Kalipsoa,	*Calypso.*
recipér,	*recevoir.*	avére,	*j'avais.*
potentez,	*puissant.*	emezi,	*mes, les miens; nos,* etc.

SPÉCIMEN DE PANTOSDIMOUGLOSSA.

Désespoir de Calypso.

I. Potére-nô konsolár-dzam Kalipsoa dol eksito did Ylise. Ji lhoz doloro, infortynataz lha trováre-dzam di sér imortalaz. Odére-nô zi lham parlár kaci lham servíre Nimfaci. Spò lha solaz ambyláre sypri lomi sospitoci floritozi ki kocimi rodeáre lhoz insylod on eternoz verano. Sedy lonjò di lhoz doloro moderár stozi pylkrozi lokoci solò zi lham revokáre lom tristoz memento did Ylise kem lha tô-spò peri dzam vidéravê. Lha spò manére movérdaz-nô sypri lomi dol maro litoroci koci lha ky lhozid irigáre lacrimoci : yd interminatozò lha vertére-dzam versi stoz parto kò, lomi akoci arárdo, ol navo Ylisedoz fi kospeto lhoz evanecére-vê.

Calypso ne pouvait se consoler du départ d'Ulysse. Dans sa douleur, elle se trouvait malheureuse d'être immortelle. Les Nymphes qui la servaient n'osaient lui parler. Souvent elle se promenait seule sur les gazons fleuris dont un printemps éternel bordait son île. Mais ces beaux lieux, loin de modérer sa douleur, ne faisaient que lui rappeler le triste souvenir d'Ulysse qu'elle y avait vu tant de fois auprès d'elle. Souvent elle demeurait immobile sur le rivage de la mer qu'elle arrosait de ses larmes ; et elle était sans cesse tournée vers le côté où le vaisseau d'Ulysse, fendant les ondes, avait disparu à ses yeux.

L'Aigle et ses Aiglons.

II. Alzáre-dzem ky lhocid akiloci-tô en akile yski lomi nyboci. Kantò fizartozò te lom solo mirára! oli zi lhem pikoloci dicére, lho tem alycinára-nô. — Natoci, replikári ol doli avoci reje, eli patere, bipatere, y tropatered emezi paritò lhom mirára-vê semprò. Seghír-teci lhoz ezemplo yd emoz, tozi palpebroci facér abazár lho nynkò potéro.

Ordinatozò advenira kyd oli den patere virtytoci y bonozi kalitatoci zi lhozi nati transmitéra-sê. Lekcionoci kyd ezemplo bonoz doz kompletára kom principiára-vê natyro.

Un aigle s'élevait avec ses aiglons jusqu'aux nues. Comme vous regardez fixement le soleil ! lui dirent les petits, il ne vous éblouit pas. — Mes enfants, répliqua le roi des oiseaux, mon père, mon aïeul, mon bisaïeul et mes ancêtres l'ont regardé toujours de même. Suivez leur exemple et le mien, il ne pourra jamais vous faire baisser les paupières.

Il arrive ordinairement que les vertus et les bonnes qualités d'un père sont transmises à ses enfants. Les leçons et le bon exemple achèvent ce que la nature a commencé.

GLOSSAIRE.

A

Abazár,	v. a. ou n.,	baisser, abaisser.
advenira,	v. unipers. indic.,	il arrive, il advient.
akile,	s. m.,	aigle.
akiloci-tó,	s. pl. n. com. dim. mél.,	jolis petits aigles, aiglons m. et f.
akoci,	s. pl. n.,	eaux.
alycinára-nó,	v. a. indic. nég.,	n'éblouit pas.
alzáre-dzem,	v. réfl. imparf. 3e p. m.,	s'élevait.
ambyláre,	v. n. imparf.,	se promenait.
arárdo,	v. a. gérondif,	en labourant, labourant.
avoci,	s. pl. n. sens commun,	oiseaux.

B

Bipatere,	s. m.,	aïeul, grand-père.
bonez,	adj. s. m.,	bon.

D

Den,	art. indéf. g. s. m.,	d'un.
did,	prép. (d euphon.),	de, d'.
dicéri,	v. a. et n., pass. déf.,	dirent.
dol,	art. déf. gén. s. n.;	du.
doli,	art. déf. gén. pl. n.,	des.
doloro,	s. n.,	douleur, chagrin.
dzam,	pron. réfl. acc. s. f.,	se, soi, elle-même.

E

El,	art. déf. n. s. m.,	le.
eli,	art. déf. n. pl. m.,	les.
emezi,	pr. poss. pl. m.,	mes, les miens; nos, les nôtres.
emoz,	pr. poss. s. m.,	mon, ma, le mien, la mienne. nôtre, — le nôtre, la nôtre.
eksito,	s. n.,	sortie, départ.
eternoz,	adj. neutre,	éternel.
evanecére-vê,	v. n. plus-q.-parf.,	avait disparu.
ezemplo,	s. n.,	exemple.

F

Facér,	v. a. infin.,	faire.
fi,	prép. de l'ablatif,	de, de la part de (from).
fioritozi,	adj. n. plur.,	fleuris.
fizartozò,	adv.,	fixement.

I

Infortynataz,	adj. fém.,	malheureuse, infortunée.
insylod,	s. n. (d euphon.),	île.
interminatozò,	adv.,	sans cesse.
irigáre,	v. act. imparf.,	arrosait.

J

Ji, jid,	prép. (*d* euphon.),		*dans, en.*

K

Kaci,	pr. relat. pl. fém.,		*qui, lesquelles.*
Kalipsoa,	n. propre,		*Calypso.*
kalitatoci,	s. n. plur.,		*qualités.*
kantò,	adv.,		*combien.*
kem,	pron. relat. s. m. acc.,		*que* (quem).
ki,	prép.,		*avec.*
kò,	adv.,		*où.*
koci,	pron. relat. pl. n.,		*qui, lesquels, lesquelles.*
kocimi,	pr. relat. pl. n. acc.,		*que, lesquels, lesquelles.*
kom,	pr. relat. s. n. acc.,		*que* (quod), *lequel*, etc.
kompletára,	v. act. indic.,		*complète, achève.*
konsolár,	v. a. infin.,		*consoler.*
kospeto,	s. n.,		*présence.*
ky, kyd,	conj. (*d* euph.),		*que.*

L

Lakrimoci,	s. n. pl.,		*larmes.*
lekcionoci,	s. n. pl.,		*leçons.*
litoroci,	s. n. pl.,		*rivages.*
lokoci,	s. n. pl.,		*lieux.*
lom,	art. déf. n. acc.,		*le, la, l'.*
lomi,	art. déf. plur. n. acc.,		*les.*
lonjò di,	loc. prépositive,		*loin de.*
lha,	pr. pers. fém. s. 3e p.,		*elle.*
lham,	pr. p. f. s. acc. 3e p.,		*la, elle.*
lhem,	pr. p. m. s. acc. 3e p.,		*le, l', lui.*
lho,	pr. p. n. nom. s. 3e p.,		*il, elle.*
lhocid,	pr. p. n. nom. pl. (*d* euphonique),		*ils, elles.*
lhoz,	pr. poss. n. s. 3e p.,		*son, sa; leur, le sien, la sienne, le leur,* etc.
lhozid,	pr. poss. n. pl. 3e p. (*d* euphonique),		*ses, leurs, les siens, les leurs,* etc.

M

Maro,	s. n. sing.,		*mer.*
memento,	s. n. sing.,		*souvenir.*
mirára,	v. a. indic.,		*regarde.*
mirára-vê,	v. a. pass. indéf.,		*ont regardé.*
moderár,	v. a. inf.,		*modérer.*
movérdaz-nô,	v. n. et a., part. prés. nég. s. fém.,		*immobile (mouvante pas).*

N

Natoci,	s. m. pl. commun,		*fils, enfants.*
natyro,	s. n. sing.,		*nature, la nature.*
navod,	s. n. (*d* euphonique),		*vaisseau, navire.*
ninfaci,	s. f. plur.,		*nymphes.*
nyboci,	s. n. plur.,		*nues, nuages.*
nynkò,	adv.,		*jamais.*

GLOSSAIRE.

O

Odére-nô,	v. n. et act., imparf. nég.,	n'osaient.
ol,	art. déf. n. s.,	le, la.
oli,	art. neut. pl.,	les.
on,	art. indéf. n. s.,	un, une,
ordinatozò,	adv.,	ordinairement.

P

Palpebroci,	s. n. pl.,	paupières.
parito,	adv.,	pareillement, de même.
parlár,	v. n. inf.,	parler.
parto,	s. n.,	partie.
patere,	s. m.,	père.
peri,	prép.,	près, auprès de.
pikoloci,	s. n. pl.,	petits, enfants.
potére-nô,	v. a. et n., imp. nég.,	ne pouvait pas.
potéro,	v. a. et n., futur,	pourra.
principiára-vè,	v. a. pass. indéf.,	a commencé.
pylkrozi,	adj. n. pl.,	beaux, belles.

R

Reje,	s. m.,	roi.
replikári,	v. a. prét. déf.,	répliqua.
revokáre,	v. a. imparf.,	rappelaient.
rodeáre,	v. a. imparf.,	entourait, environnait.

S

Sedy,	conj.,	mais.
seghír-teci,	v. a. impératif,	suivez (vous).
semprò,	adv.,	toujours.
sér,	v. n. infin.,	être.
servíre,	v. a. imparf.,	servaient.
solaz,	adj. s. fém.,	seule.
solo,	s. n.,	soleil.
solò,	adv.,	seulement (ne ... que).
sospitoci,	s. n. pl.,	gazons.
stez,	pr. démonstr. s. m.,	ce, cet.
stoz,	pr. dém. s. n.,	ce, cet, cette.
spò,	adv.,	souvent.
sypri,	prép.,	sur.

T

Te,	pr. pers. s. m. nom.,	tu, toi, vous (homme).
tem,	pr. pers. s. m. acc.,	te, toi, vous (homme).
tô-spò,	loc. adverbiale,	si souvent.
tozi,	pr. poss. n. pl.,	tes, vos; les tiens, les vôtres.
transmitéra-sè,	v. pass. indic.,	sont transmises.
tristez,	adj. m,	triste.
tropatere,	s. m.,	bisaïeul.
trováre-dzam,	v. réfl. imparf., fém.,	se trouvait.

V

Verano,	s. n.,	*printemps.*
versi,	prép.,	*vers.*
vertére-dzam,	v. réfl. imparf., fém.,	*se tournait.*
vidére-vê,	v. a. pass. indéf.,	*avait vu.*
virtytoci,	s. n. plur.,	*vertus.*

Y

Y, yd,	conjonction,	*et.*
Ylise,	nom propre,	*Ulysse.*
ylisedoz,	adj. neutre,	*ulysséen, d'Ulysse.*
yski,	prép.,	*jusque, jusqu'à.*

Z

Zi, zid,	prép.,	*à.*

EXPOSÉ

DE LA

MÉTHODE ANGLAISE

DE

LUCIEN DE RUDELLE.

LE PROGRÈS

Après avoir longtemps franchi toutes les distances à pied, pourquoi l'homme s'est-il avisé de se faire transporter plus commodément sur les épaules de ses semblables d'abord, et ensuite à dos de bêtes de somme? Pourquoi, à ces moyens de transport si lents et si pénibles, a-t-il, petit à petit, substitué le char-à-bœufs, puis le coche, puis la diligence et la malle-poste, puis enfin cette rapide locomotive qui, malgré les inégalités du terrain et tous les obstacles de rivière, d'abîme ou de montagne, semble dévorer l'espace?

Pourquoi le frêle radeau et la simple pirogue ont-ils, par degrés, fait place à la nacelle habilement construite, celle-ci à la puissante galère, celle-ci encore au leste navire à voiles, et ce dernier, à son tour, à l'irrésistible pyroscaphe à hélice?

Pourquoi, enfin, a-t-on vu successivement le pédestre messager supplanté par l'estafette à cheval ou aux ailes de colombe, par le télégraphe aérien, par le fil électro-magnétique?

Parce que la vie est courte, que l'emploi en est précieux, et que, dans le moins de temps possible, nous avons besoin d'opérer la plus grande somme du bien dont le Créateur nous a rendus capables.

L'enseignement aussi est une véritable locomotive aux plus vastes proportions. N'est-ce pas lui qui lance les intelligences dans les espaces incommensurables du temps et de la science? Il est donc nécessaire que son action soit cent fois plus vigoureuse et plus véloce que celle des engins qui font mouvoir les corps et les masses compactes.

Est-ce qu'à la parole, premier véhicule de la pensée, ne sont pas, rapidement et sans interruption, venues en aide la hiéroglyphie, l'écriture, la typographie, la sténographie, et tout récemment encore l'électrographie?

Et la linguistique, cet interprète indispensable aux peuples si divers qui composent la grande famille humaine, n'est-elle pas le bras le plus vigoureux du corps didactique? Ne compose-t-elle pas, pour ainsi dire, à elle seule, le personnel entier des habiles ingénieurs chargés de diriger toutes les machines à vapeur sur les mille et une lignes du rail-way de l'instruction publique? Ne faut-il donc pas que l'étude des langues, au lieu de demeurer stationnaire, tienne pied à ces multitudes de voyageurs qui, nuit et jour, traversent avec tant de célérité les villes, les états, les empires de l'un à l'autre hémisphère?

Que l'on ne s'étonne donc pas si quelques ouvriers hardis et persévérants dans la noble carrière des lettres ont voulu apporter, eux aussi, leur modeste contingent d'amélioration à la masse des livres scolastiques. Qu'on ne leur en veuille pas non plus si, dans leurs utiles efforts, ils portaient parfois un coup assez rude à ces méthodes surannées ou routinières, à l'aide desquelles nos pères s'escrimaient pendant un lustre au moins avant de pouvoir formuler, par écrit ou de vive voix, quelques phrases éclopées d'italien, d'anglais ou d'allemand.

Ce qu'ont pu accomplir de notre temps avec un très-grand mérite les Napoléon Landais et les Bescherelle pour la langue française, les Vénéroni et les Vergani pour la langue italienne, les Sotos-Ochando pour la langue espagnole, les Ollendorff pour la langue allemande, vient d'être essayé avec quelque espérance de succès, pour la langue anglaise, par l'auteur de l'*Instructeur théorique et pratique de la prononciation anglaise* et de la *Grammaire démonstrative de la langue anglaise* au moyen de sa méthode intitulée

ORTHO-PHONOGRAPHIE.

S'il est difficile d'apprendre la langue anglaise, ce n'est absolument qu'à cause de sa prononciation. Pour en convaincre mes lecteurs, je n'aurais qu'à passer ici en revue les principaux grammairiens ou lexicographes qui, depuis le commencement de ce siècle, se sont évertués à rendre la tâche facile aux étudiants par la représentation graphique de la prononciation anglaise, au moyen de certaines valeurs phonétiques de convention et indépendantes des lettres ordinaires de l'alphabet.

C'est ici ce que j'appelle phonographie ou *écriture de la voix*. Cette méthode est reconnue par les meilleurs professeurs comme la plus efficace pour amener un étranger à pouvoir, avec certitude de succès, aborder les rudiments, d'ailleurs si peu compliqués, de la langue anglaise.

Un phonographe du plus grand mérite, celui qui me paraît avoir donné la première impulsion à la méthode dont je parle, est le célèbre JOHN WALKER. Son Dictionnaire critique de la prononciation fait de nos jours autorité même chez les Anglais. Ce livre, déjà vieux, semble avoir été exclusivement composé dans le but de fixer la prononciation de leur langue, puisqu'il ne renferme aucun mot qui soit développé philologiquement ou accompagné de sa traduction. Depuis la publication de ce chef-d'œuvre de phonographie, qui est devenu populaire dans tout le monde britannique, depuis au moins soixante ans qu'il a paru, jusqu'à Spiers, qui est un des meilleurs lexicographes contemporains, beaucoup d'autres auteurs se sont sérieusement occupés de phonographie.

Sans contredit, ceux qui ont traité cette intéressante matière, tous, à l'exception de quelques-uns dont le travail incomplet a disparu sitôt après avoir vu le jour, tous, dis-je, semblent avoir limité leurs efforts à noter la prononciation dans des dictionnaires.

La raison de cela est facile à donner. Dans ces sortes de livres, les textes ne forment que des séries ou familles de mots, superposés ou disposés les uns en dessous des autres en forme de colonne. Il était donc aisé de les faire suivre, entre parenthèses, d'une représentation phonétique en cacographie. De là, cette double impression de chaque mot qui non-seulement produit sur l'œil du lecteur un effet très-déplaisant, mais qui, encore, est pour l'auteur ou l'éditeur une cause de grande dépense, alors qu'en même temps c'est aussi un poison véritable pour la mémoire de l'étudiant.

En effet, quoi de plus disgracieux que deux empreintes du même texte : l'une à gauche pour représenter l'orthographe et la valeur des termes, l'autre à droite, ne servant qu'à en figurer la prononciation? Quoi de plus dispendieux qu'une très-longue composition ainsi reproduite en entier? Quoi de plus nuisible aussi à la mémoire que tous ces mots dont la répétition en lettres travesties ne concourt qu'à représenter des sons ou des intonations? Le remède me semble pire que le mal.

Mais lorsqu'il se présente deux maux dont l'un ou l'autre est à souffrir nécessairement, ne vaut-il pas mieux toujours choisir le moindre? « *E duobus malis minus est eligendum.* » Sans aucun doute : aussi, voilà pourquoi, plutôt que d'abandonner l'étude du riche, populaire et utile idiôme des Anglais, pour ce seul prétexte que de longtemps on ne pourrait se rendre apte à le lire ou prononcer correctement, on a trouvé préférable d'employer la cacographie pour en obtenir immédiatement la prononciation. Plutôt que de ne rien savoir, il vaut encore mieux s'exposer à oublier ou à ne point apprendre même l'orthographe dont toute composition écrite doit être revêtue. Mieux vaut ignorer la partie qu'ignorer le tout.

Bien que ce qui précède ait l'air d'une critique sévère, je me plais néanmoins à rendre à la cacographie la justice qu'elle mérite. C'est par elle, je l'affirme, que moi-même j'ai conçu l'idée de cette œuvre de perfectionnement dont je suis venu à bout et que je nomme ortho-phonographie. Le Dictionnaire de Walker, dont j'ai déjà fait mention, a été mon premier guide. C'est à l'aide de ses mots phonographiés que j'ai pu apprendre à prononcer correctement l'anglais. Aussi ai-je voulu rendre au mérite de mon maître un témoignage durable. J'ai donc longtemps et avec ardeur cherché à généraliser sa méthode en l'appliquant, non comme lui, ni comme ses nombreux imitateurs, à des mots isolés et deux fois imprimés, mais à toute espèce de texte compacte et non reproduit en regard.

Avant mes travaux, bien d'autres grammairiens ou lexicographes avaient signalé cette vaste lacune dans la phonographie. Ils avaient fait même de très-grands efforts pour essayer de la combler. Mais, comme J. Walker, les Wilson, les

Saddler, les Spiers et tous les autres qui, après lui, ont travaillé à cet effet, n'ont pas su se débarrasser d'une cacographie plus ou moins modifiée sur des textes toujours malencontreusement reproduits en regard. Quelques-uns, je le répète, ont eu l'idée d'un texte unique et continu. Ceux-ci ne sont point lexicographes comme ceux-là, ils sont auteurs de grammaires ou d'autres livres élémentaires ou didactiques comme moi. Je cite Robertson, Boniface, Glashin, parmi les plus connus; mais, sans user de cacographie proprement dite, ils ont, eux encore, surchargé les mots de leurs textes continus avec des chiffres ou avec d'autres signes phonétiques, et cela à tel point, qu'au lieu de simplifier l'énonciation des sons, ils en ont compliqué les difficultés.

Tous ces essais de la part d'hommes éminemment capables tendaient ostensiblement au bien, et prouvent, dans tous les cas, la nécessité d'une bonne phonographie. Ils ont, les uns et les autres, considérablement amoindri les difficultés que bon nombre d'étudiants osaient déclarer insurmontables. Ceux-ci, presque aussitôt après l'avoir commencée, abandonnaient l'étude de l'anglais, et puis s'en allaient la proclamer impossible, et, par cela même, détestable.

J'étais tenté, moi, d'imiter leur exemple, mais il me fallait absolument la langue anglaise, et je n'avais aucun maître pour me l'enseigner. Nécessité fait loi, et vouloir c'est pouvoir, me suis-je dit alors à moi-même. Là-dessus, d'aborder résolument la difficulté. J'ai lu, appris par cœur, copié plusieurs fois et rédigé même à mon point de vue tous les paragraphes, toutes les règles et jusqu'aux moindres exceptions de la théorie de prononciation qui forme l'avant-propos du livre de Walker. J'ai voulu créer des signes pour annoter fidèlement chaque variété du son dans les voyelles anglaises, et cela sans l'aide de la cacographie.

La quantité prosodique du latin m'ayant paru s'adapter admirablement aux mots de la langue anglaise, l'idée m'est venue d'en utiliser les trois signes. Aux deux premiers, j'ai dû naturellement conserver leurs noms de *bref* et de *long*; mais pour le troisième, j'ai substitué le nom de *moyen* à celui de *douteux*; car, dans ma méthode, ce signe représente le juste milieu entre la brièveté et la longueur des intonations vocales, et, d'ailleurs, je ne pouvais y admettre rien de *douteux*. En outre de ces trois marques latines, j'en ai emprunté une quatrième au français, pour pouvoir représenter l'extrême longueur de quelques intonations de l'A : ce dernier signe prosodique se nomme prolongé; c'est l'accent circonflexe. Ensuite, pour compléter la méthode, j'ai fait servir la minute (') à représenter la partie radicale et la plus sonore de chaque polysyllabe. Enfin, à l'aide des caractères *italiques*, j'ai pu désigner avec une extrême précision toutes les lettres muettes ou aphones, qui par cela même ne sont jamais énoncées.

Ce système, quoique fort simple en soi, remplit à merveille toutes les conditions voulues. L'expérience que j'en avais faite auprès de mes nombreux élèves (j'enseignais alors au collège royal Louis-le-Grand, à Paris), m'ayant réussi au delà de toute espérance, je l'ai fait imprimer vers la fin de 1830. Aussitôt après en avoir pris connaissance, tous mes confrères de la capitale, plusieurs proviseurs de collège royal, et beaucoup de personnages savants et haut placés, entre autres

M. Villemain, m'ont honoré, les uns de leurs suffrages écrits, les autres de leur approbation verbale. Les journaux littéraires et même les feuilles politiques de l'époque ont également daigné me féliciter et rendre compte de l'utile découverte. Je possède tous ces honorables et bien précieux témoignages.

Depuis vingt-cinq années, j'ai, par tous les moyens en mon pouvoir, et par la pratique surtout, cherché à rendre ma méthode ortho-phonographique aussi parfaite que possible. J'ai réussi à en faire disparaître jusques aux moindres imperfections. Au moyen de quelques légers changements dans l'exécution, et en y introduisant quelques chiffres comme signes auxiliaires, je suis parvenu à vaincre toute irrégularité, et même, ce à quoi personne n'avait encore songé, à rendre sensible la différence qui existe entre les deux articulations, rude et douce, de TH. Ma méthode est donc actuellement aussi parfaite qu'elle est susceptible de le devenir.

Pendant un second séjour que j'ai fait durant treize ans en Angleterre, après avoir publié mon système d'ortho-phonographie à Paris, certains de mes confrères dans l'enseignement, m'ayant cru pour toujours, sans doute, hors de la scène des concurrents, ou peut-être même des vivants, ont imité mon procédé; ils l'ont copié en partie, et sont allés jusqu'à s'en attribuer le mérite. Mais, depuis ma réapparition en France, où je me suis empressé de faire revivre mon œuvre, les geais ont tout de suite laissé tomber toutes ces plumes de paon dont ils s'étaient parés orgueilleusement. Je n'affirme rien que je ne sois en mesure de prouver; avec des dates, avec les lettres même de mes rivaux actuels, je peux combattre toute prétention à la priorité.

Depuis au moins vingt-six ans je n'ai cessé de publier tant dans mes livres que dans mes prospectus ou dans les journaux de France et d'Angleterre (car mon système est également appliqué à la langue française, à Londres), je n'ai, dis-je, cessé de publier que je suis l'inventeur de la méthode que je nomme ortho-phonographie. Il ne s'est encore présenté personne qui ait osé me contester l'honneur d'avoir, le premier, noté avec la plus exacte précision toute sorte de texte continu en français ou en anglais, sans lui faire subir la plus petite altération dans l'orthographe.

Ce que je dis est si vrai, qu'à mon retour en France, en 1842, j'ai été admis à faire un exposé de ma méthode à l'Athénée-Royal, place de l'Hôtel-de-Ville, et encore à l'Athénée-des-Arts, rue de Valois, à Paris; ensuite, en 1844, dans la salle de la Mairie, à Avignon; en 1844 encore, dans la salle du Conseil général, à l'hôtel de la Préfecture de Rodez; et enfin, le 4 novembre 1847, devant l'Académie Royale des sciences, belles-lettres et arts, à Bordeaux, où il me fut décerné une belle médaille, grand module, en argent. Avant de faire aucune de ces preuves en France, j'avais eu l'honneur de les faire aussi dans la ville de Londres : la première à l'Institut scientifique et littéraire, 17, *Edward Street, Portman Square*, le 7 mai 1848; et la seconde à l'Institut scientifique et littéraire de la Cité de Londres, *City*, le 10 juillet de la même année.

Là, comme dans mon pays, les savants ont accueilli mon invention, m'en ont récompensé par des éloges publics, par des mentions honorables et des comptes-rendus très-flatteurs. Nulle part il ne s'est encore élevé une seule voix pour critiquer mon système, et encore moins pour me qualifier de copiste ou de plagiaire.

Aujourd'hui, avec toutes ces garanties officielles, je suis en mesure d'offrir au public, non-seulement un système d'ortho-phonographie anglaise ou française qui ne laisse rien à désirer tant pour l'exécution que pour l'application, mais encore je peux mettre entre ses mains deux théories complètes et soigneusement élaborées dans chacune des deux langues. L'une de ces deux théories est destinée à faire vaincre toutes les difficultés de la lecture et de la prononciation; l'autre a pour but d'enseigner l'art de parler et d'écrire correctement.

Le premier de ces deux ouvrages a pour titre : l'*Instructeur théorique et pratique de la prononciation anglaise*. Il a paru pour la première fois en 1831, et pour la seconde en 1856. Outre les rudiments de la lecture et un cours de versions en prose et en poésie, ce livre contient un traité complet de prononciation à l'usage des enfants, des adultes, et même des professeurs.

Le deuxième, que j'ai publié en 1854, est une Grammaire démonstrative, complète et comparée. Elle est suivie d'un cours de thèmes élémentaires et gradués, qui sont mis en parfaite concordance avec toutes les règles de la Syntaxe. Celle-ci, par un procédé tout nouveau, qui cependant ne déroge aucunement à l'ordre établi par les meilleurs grammairiens, est arrangée en forme de répertoire, et forme un guide parfaitement capable de suppléer en toute occasion à l'assistance du professeur.

L'*Instructeur* et la *Grammaire démonstrative* sont, en entier, notés avec les signes de l'ortho-phonographie. Ce sont les premiers livres de ce genre qui, jusqu'à ce jour, aient offert aux étudiants un aussi grand et aussi incontestable avantage. Avec de tels livres, il est devenu très-facile d'apprendre à parler et à écrire l'anglais.

L. DE RUDELLE.

MÉTHODE
GALLO-ANGLAISE ET ANGLO-FRANÇAISE

DE

LUCIEN DE RUDELLE.

NOUVELLES ÉDITIONS.

A L'USAGE DES FRANÇAIS :

1. La Grammaire démonstrative de la langue anglaise...............	5	»
2. L'Instructeur théorique et pratique de la prononciation anglaise.	3	»
3. Cours de thèmes gradués et mis en concordance avec la grammaire démonstrative...	2	25
4. L'Ortho-Phonographie appliquée à six langues, récompensée d'une médaille d'argent, grand module, par l'Académie Impériale des Sciences, Belles-Lettres et Arts de Bordeaux............................	2	»
5. Le Conjugateur synoptique de tous les verbes espagnols............	3	»
6. Grammaire primitive d'une langue commune a tous les peuples : Pantosdimouglossa..	2	50

A L'USAGE DES ANGLAIS :

7. The original French pronouncing-book...........................	5	»
8. The art of reading French correctly at sight....................	2	»
9. The modern school-grammar of the French language...............	6	»
10. The key to the exercises in the above grammar..................	2	»
11. The conjugating dictionary of all the French verbs..............	5	»

Tous ces livres se vendent chez l'Auteur, rue des Trois-Conils, 43, à Bordeaux,
et chez M. DELALAIN, éditeur, libraire, rue de la Sorbonne, à Paris.

BORDEAUX. — IMPRIMERIE GÉNÉRALE DE Mme CRUGY, RUE ET HÔTEL SAINT-SIMÉON, 16.

www.ingramcontent.com/pod-product-compliance
Lightning Source LLC
LaVergne TN
LVHW050613090426
835512LV00008B/1470